PABLO NERUDA
(1904-1973)

RICARDO NEFTALÍ REYES BASOALTO nasceu na cidade chilena de Parral, em 12 de julho de 1904. Sua mãe era professora e morreu logo após o nascimento do filho. Seu pai, que era ferroviário, mudou-se para a cidade de Temuco, onde se casou novamente. Ricardo passou a infância perto de florestas, em meio à natureza virgem, o que marcaria para sempre seu imaginário, refletindo-se na sua obra literária.

Com treze anos, começou a contribuir com alguns textos para o jornal *La Montaña*. Foi em 1920 que surgiu o pseudônimo Pablo Neruda – uma homenagem ao poeta tchecoslovaco Jan Neruda. Vários dos poemas desse período estão presentes em *Crepusculário*, o primeiro livro do poeta, publicado em 1923.

Além das suas atividades literárias, Neruda estudou francês e pedagogia na Universidade do Chile. No período de 1927 a 1935, trabalhou como diplomata, vivendo em Burma, Sri Lanka, Java, Cingapura, Buenos Aires, Barcelona e Madri. Em 1930, casou-se com María Antonieta Hagenaar, de quem se divorciaria em 1936. Em 1955, conheceu Matilde Urrutia, com quem ficaria até o final da vida.

Em meio às turbulências políticas do período entre-guerras, publicou o livro que marcaria um novo período em sua obra, *Residência na terra* (1933). Em 1936, o estouro da Guerra Civil Espanhola e o assassinato de García Lorca aproximaram o poeta chileno dos republicanos espanhóis, e ele acabou destituído de seu cargo consular. Em 1943, voltou ao Chile, e, em 1945 foi eleito senador da república, filiando-se ao partido comunista chileno. Teve que viver clandestinamente </tr>, até exilar-se, em 1949 </tr> éxico e clandestinamen </tr> n de

ser o título mais célebre de Neruda, é uma obra-prima de poesia telúrica que exalta poderosamente toda a vida do Novo Mundo, denuncia a impostura dos conquistadores e a tristeza dos povos explorados, expressando um grito de fraternidade através de imagens poderosas.

Após viver em diversos países, Neruda voltou ao Chile em 1952. Muito do que ele escreveu nesse tempo tem profundas marcas políticas, como é o caso de *As uvas e o vento* (1954), que pode ser considerado o diário de exílio do poeta. Em 1971, Pablo Neruda recebeu a honraria máxima para um escritor, o Prêmio Nobel de Literatura. Morreu em Santiago do Chile, em 23 de setembro de 1973, apenas alguns dias após o golpe militar que depusera da presidência do país o seu amigo Salvador Allende.

Livros do autor na Coleção **L&PM** POCKET:

A barcarola
Cantos cerimoniais (Edição bilíngue)
Cem sonetos de amor
O coração amarelo (Edição bilíngue)
Crepusculário (Edição bilíngue)
Defeitos escolhidos & 2000 (Edição bilíngue)
Elegia (Edição bilíngue)
Jardim de inverno (Edição bilíngue)
Livro das perguntas (Edição bilíngue)
Memorial de Isla Negra
Residência na terra I (Edição bilíngue)
Residência na terra II (Edição bilíngue)
A rosa separada (Edição bilíngue)
Terceira residência (Edição bilíngue)
Últimos poemas (Edição bilíngue)
As uvas e o vento
Vinte poemas de amor e uma canção desesperada (Edição bilíngue)

PABLO NERUDA

CEM SONETOS DE AMOR

Tradução de Carlos Nejar

www.lpm.com.br

Coleção **L&PM** POCKET, vol. 19

Texto de acordo com a nova ortografia.

Primeira edição na Coleção **L&PM** POCKET: 1998
Esta reimpressão: março de 2025

Título original: *Cien sonetos de amor*

Capa: Ivan Pinheiro Machado sobre ilustração de Caulos
Tradução: Carlos Nejar
Revisão: Flávio Dotti Cesa e Grázia Pinheiro Machado

N454c

Neruda, Pablo, 1904-1973.
    Cem sonetos de amor / Neftalí Ricardo Reyes; tradução de Carlos Nejar. – Porto Alegre: L&PM, 2025.
    128 p. ; 18 cm. – (Coleção L&PM POCKET; v. 19).
    ISBN 978-85-254-0638-5

    1.Ficção chilena-poesias. 2.Reyes, Neftalí Ricardo, 1904-1973.
I.Título. II. Série.

CDD Ch861
CDU 860(73)-1

Catalogação elaborada por Izabel A. Merlo, CRB 10/329.

© Pablo Neruda, 1959 e Fundación Pablo Neruda

Todos os direitos desta edição reservados a L&PM Editores
Rua Comendador Coruja, 314, loja 9 – Floresta – 90.220-180
Porto Alegre – RS – Brasil / Fone: 51.3225.5777

Pedidos & Depto. comercial: vendas@lpm.com.br
Fale conosco: info@lpm.com.br
www.lpm.com.br

Impresso no Brasil
Verão de 2025

A MATILDE URRUTIA

Senhora minha muito amada, grande padecimento tive ao escrever-te estes malchamados sonetos e bastante me doeram e custaram mas a alegria de oferecê-los a ti é maior que uma campina. Ao propô-lo bem sabia que ao costado de cada um, por afeição eletiva e elegância, os poetas de todo tempo alinharam rimas que soaram como prataria cristal ou canhonaço. Eu, com muita humildade, fiz estes sonetos de madeira, dei-lhes o som desta opaca e pura substância e assim devem alcançar teus ouvidos. Tu e eu caminhando por bosques e areais, por lagos perdidos, por cinzentas latitudes recolhemos fragmentos de pau-puro, de lenhos submetidos ao vaivém da água e da intempérie. De tais suavíssimos vestígios construí com machado, faca, canivete estes madeirames de amor e edifiquei pequenas casas de catorze tábuas para que nelas vivam teus olhos que adoro e canto. Assim estabelecidas minhas razões de amor te entrego esta centúria: sonetos de madeira que só se levantaram porque lhes deste a vida.

Outubro de 1959

MANHÃ

I

MATILDE, nome de planta ou pedra ou vinho,
do que nasce da terra e dura,
palavra em cujo crescimento amanhece,
em cujo estio rebenta a luz dos limões.

Nesse nome correm navios de madeira
rodeados por enxames de fogo azul-marinho,
e essas letras são a água de um rio
que em meu coração calcinado desemboca.

Oh nome descoberto sob uma trepadeira
como a porta de um túnel desconhecido
que comunica com a fragrância do mundo!

Oh invade-me com tua boca abrasadora,
indaga-me, se queres, com teus olhos noturnos,
mas em teu nome deixa-me navegar e dormir.

II

AMOR, quantos caminhos até chegar a um beijo,
que solidão errante até tua companhia!
Seguem os trens sozinhos rodando com a chuva.
Em Taltal não amanhece ainda a primavera.

Mas tu e eu, amor meu, estamos juntos,
juntos desde a roupa às raízes,
juntos de outono, de água, de quadris,
até ser só tu, só eu juntos.

Pensar que custou tantas pedras que leva o rio,
a desembocadura da água de Boroa,
pensar que separados por trens e nações

tu e eu tínhamos que simplesmente amar-nos,
com todos confundidos, com homens e mulheres,
com a terra que implanta e educa os cravos.

III

ÁSPERO AMOR, violeta coroada de espinhos,
cipoal entre tantas paixões eriçado,
lança das dores, corola da cólera,
por que caminhos e como te dirigiste a minha alma?

Por que precipitaste teu fogo doloroso,
de repente, entre as folhas frias de meu caminho?
Quem te ensinou os passos que até mim te levaram?
Que flor, que pedra, que fumaça, mostraram minha
                                                  morada?

O certo é que tremeu a noite pavorosa,
a aurora encheu todas as taças com seu vinho
e o sol estabeleceu sua presença celeste,

enquanto o cruel amor sem trégua me cercava,
até que lacerando-me com espadas e espinhos
abriu no coração um caminho queimante.

IV

RECORDARÁS aquela quebrada caprichosa
onde os aromas palpitantes subiram,
de quando em quando um pássaro vestido
com água e lentidão: traje de inverno.

Recordarás os dons da terra:
irascível fragrância, barro de ouro,
ervas do mato, loucas raízes,
sortílegos espinhos como espadas.

Recordarás o ramo que trouxeste,
ramo de sombra e água com silêncio,
ramo como uma pedra com espuma.

E aquela vez foi como nunca e sempre:
vamos ali onde não espera nada
e achamos tudo o que está esperando.

V

NÃO TE TOQUE a noite nem o ar nem a aurora,
só a terra, a virtude dos cachos,
as maçãs que crescem ouvindo a água pura,
o barro e as resinas de teu país fragrante.

Desde Quinchamalí onde fizeram teus olhos
aos teus pés criados para mim na Fronteira
és a greda escura que conheço:
em teus quadris toco de novo todo o trigo.

Talvez tu não saibas, araucana,
que quando antes de amar-te me esqueci de teus beijos
meu coração ficou recordando tua boca

e fui como um ferido pelas ruas
até que compreendi que havia encontrado
amor, meu território de beijos e vulcões.

VI

NOS BOSQUES, perdido, cortei um ramo escuro
e aos lábios, sedento, levantei seu sussurro:
era talvez a voz da chuva chorando,
um sino fendido ou um coração cortado.

Algo que de tão longe me parecia
oculto gravemente, coberto pela terra,
um grito ensurdecido por imensos outonos,
pela entreaberta e úmida escuridão das folhas.

Por ali, despertando dos sonhos do bosque,
o ramo de avelã cantou sob minha boca
e seu vagante olor subiu por meu critério

como se me buscassem de repente as raízes
que abandonei, a terra perdida com minha infância,
e me detive ferido pelo aroma errante.

VII

"VIRÁS comigo", disse, sem que ninguém soubesse
onde e como pulsava meu estado doloroso
e para mim não havia cravo nem barcarola,
nada senão uma ferida pelo amor aberta.

Repeti: vem comigo, como se morresse,
e ninguém viu em minha boca a lua que sangrava,
ninguém viu aquele sangue que subia ao silêncio.
Oh amor, agora esqueçamos a estrela com pontas!

Por isso quando ouvi que tua voz repetia
"Virás comigo", foi como se desatasses
dor, amor, a fúria do vinho encarcerado

que de sua cantina submergida soubesse
e outra vez em minha boca senti um sabor de chama,
de sangue e cravos, de pedra e queimadura.

VIII

SE NÃO FOSSE porque têm cor de lua teus olhos,
de dia com argila, com trabalho, com fogo,
e aprisionada tens a agilidade do ar,
se não fosse porque uma semana és de âmbar.

se não fosse porque és o momento amarelo
em que o outono sobe pelas trepadeiras
e és ainda o pão que a lua fragrante
elabora passeando sua farinha pelo céu,

oh, bem-amada, eu não te amaria!
Em teu abraço eu abraço o que existe,
a areia, o tempo, a árvore da chuva,

e tudo vive para que eu viva:
sem ir tão longe posso ver tudo:
vejo em tua vida todo o vivente.

IX

AO GOLPE da onda contra a pedra indócil
estala a claridade e estabelece sua rosa
e o círculo do mar se reduz a um cacho,
a uma só gota de sal azul que tomba.

Oh radiante magnólia desatada na espuma,
magnética viageira cuja morte floresce
e eternamente volta a ser e a não ser nada:
sal roto, deslumbrante movimento marinho.

Juntos tu e eu, amor meu, selamos o silêncio,
enquanto o mar destrói suas constantes estátuas
e derruba suas torres de enlevo e brancura,

porque na trama destes tecidos invisíveis
da água entornada, da incessante areia,
sustentamos a única e acossada ternura.

X

SUAVE é a bela como se música e madeira,
ágata, telas, trigo, pêssegos transparentes,
tivessem erigido a fugitiva estátua.
Para a onda dirige seu contrário frescor.

O mar molha polidos pés copiados
à forma recém-trabalhada na areia
e é agora seu fogo feminino de rosa
uma borbulha só que o sol e o mar combatem.

Ai, que nada te toque senão o sal do frio!
Que nem o amor destrua a primavera intacta.
Formosa, revérbero da indelével espuma,

deixa que teus quadris imponham na água
uma medida nova de cisne ou de nenúfar
e navegue tua estátua pelo cristal eterno.

XI

TENHO fome de tua boca, de tua voz, de teu pelo,
e pelas ruas vou sem nutrir-me, calado,
não me sustenta o pão, a aurora me desequilibra,
busco o som líquido de teus pés no dia.

Estou faminto de teu riso resvalado,
de tuas mãos cor de furioso celeiro,
tenho fome da pálida pedra de tuas unhas,
quero comer tua pele como uma intacta amêndoa.

Quero comer o raio queimado em tua beleza,
o nariz soberano do arrogante rosto,
quero comer a sombra fugaz de tuas pestanas

e faminto venho e vou olfateando o crepúsculo
buscando-te, buscando teu coração ardente
como um puma na solidão de Quitratúe.

XII

PLENA MULHER, maçã carnal, lua quente,
espesso aroma de algas, lodo e luz pisados,
que obscura claridade se abre entre tuas colunas?
Que antiga noite o homem toca com seus sentidos?

Ai, amar é uma viagem com água e com estrelas,
com ar opresso e bruscas tempestades de farinha:
amar é um combate de relâmpagos
e dois corpos por um só mel derrotados.

Beijo a beijo percorro teu pequeno infinito,
tuas margens, teus rios, teus povoados pequenos,
e o fogo genital transformado em delícia

corre pelos tênues caminhos do sangue
até precipitar-se como um cravo noturno,
até ser e não ser senão na sombra um raio.

XIII

A LUZ que de teus pés sobe a tua cabeleira,
a turgência que envolve tua forma delicada,
não é de nácar marinho, nunca de prata fria:
é de pão, de pão amado pelo fogo.

A farinha acumulou seu celeiro contigo
e cresceu incrementada pela idade venturosa,
quando os cereais duplicaram teu peito
meu amor era o carvão trabalhando na terra.

Oh, pão tua fronte, pão tuas pernas, pão tua boca,
pão que devoro e nasce com luz cada manhã,
bem-amada, bandeira das fornadas,

uma lição de sangue te concedeu o fogo,
da farinha aprendeste a ser sagrada,
e do pão o idioma e o aroma.

XIV

ME FALTA tempo para celebrar teus cabelos.
Um por um devo contá-los e louvá-los:
outros amantes querem viver com certos olhos,
eu só quero ser penteador de teus cabelos.

Na Itália te batizaram Medusa
pela encrespada e alta luz de tua cabeleira.
Eu te chamo brejeira minha e emaranhada:
meu coração conhece as portas de teu pelo.

Quando tu te extraviares em teus próprios cabelos,
não me esqueças, lembra-te que te amo,
não me deixes perdido ir sem tua cabeleira

pelo mundo sombrio de todos os caminhos
que só tem sombra, transitórias dores,
até que o sol suba à torre de teu pelo.

XV

DE HÁ muito tempo a terra te conhece:
és compacta como o pão ou a madeira,
és corpo, cacho de segura substância,
tens peso de acácia, de legume dourado.

Sei que existes não só porque teus olhos voam
e dão luz às coisas como janela aberta,
mas porque de barro te fizeram e cozeram
no Chile, num forno de adobe estupefato.

Os seres se derramam como ar ou água ou frio e vagos
são, se apagam ao contato do tempo,
como se antes de mortos fossem fragmentados.

Tu cairás comigo como pedra na tumba
e assim por nosso amor que não foi consumido
continuará vivendo conosco a terra.

XVI

AMO o pedaço de terra que tu és,
porque das campinas planetárias
outra estrela não tenho. Tu repetes
a multiplicação do universo.

Teus amplos olhos são a luz que tenho
das constelações derrotadas,
tua pele palpita como os caminhos
que percorre na chuva o meteoro.

De tanta lua foram para mim teus quadris,
de todo o sol tua boca profunda e sua delícia,
de tanta luz ardente como mel na sombra

teu coração queimado por longos raios rubros,
e assim percorro o fogo de tua forma beijando-te,
pequena e planetária, pomba e geografia.

XVII

NÃO TE AMO como se fosses rosa de sal, topázio
ou flecha de cravos que propagam o fogo:
te amo como se amam certas coisas obscuras,
secretamente, entre a sombra e a alma.

Te amo como a planta que não floresce e leva
dentro de si, oculta, a luz daquelas flores,
e graças a teu amor vive escuro em meu corpo
o apertado aroma que ascendeu da terra.

Te amo sem saber como, nem quando, nem onde,
te amo diretamente sem problemas nem orgulho:
assim te amo porque não sei amar de outra maneira,

senão assim deste modo em que não sou nem és
tão perto que tua mão sobre meu peito é minha
tão perto que se fecham teus olhos com meu sonho.

XVIII

PELAS MONTANHAS vais como vem a brisa
ou a corrente brusca que baixa da neve
ou melhor tua cabeleira palpitante confirma
os altos ornamentos do sol na espessura.

Toda a luz do Cáucaso cai sobre teu corpo
como numa pequena vasilha interminável
em que a água se muda de vestido e de canto
a cada movimento transparente do rio.

Pelos montes o velho caminho de guerreiros
e embaixo enfurecida brilha como uma espada
a água entre muralhas de mãos minerais,

até que tu recebes dos bosques de repente
o ramo ou o relâmpago de umas flores azuis
e a insólita flecha de um aroma selvagem.

XIX

ENQUANTO a magna espuma de Ilha Negra,
o sal azul, o sol nas ondas te molham,
eu contemplo os trabalhos da vespa
empenhada no mel de seu universo.

Vai e vem equilibrando seu reto e ruivo voo
como se deslizasse de um arame invisível
a elegância do baile, a sede de sua cintura,
e os assassinatos do ferrão maligno.

De petróleo e laranja é seu arco-íris,
busca como um avião entre a erva
com um rumor de espiga, voa, desaparece,

enquanto tu sais do mar, nua,
e regressas ao mundo cheia de sal e sol,
reverberante estátua e espada da areia.

XX

MINHA FEIA, és uma castanha despenteada,
minha bela, és formosa como o vento,
minha feia, de tua boca se podem fazer duas,
minha bela, são teus beijos como frescas melancias.

Minha feia, onde estão escondidos teus seios?
São mínimos como dois vasos de trigo.
Me agradaria ver-te duas luas no peito:
as gigantescas torres de tua soberania.

Minha feia, o mar não tem tuas unhas em sua tenda,
minha bela, flor a flor, estrela por estrela,
onda por onda, mensurei teu corpo:

minha feia, te amo por tua cintura de ouro,
minha bela, te amo por uma ruga em tua fronte
amor, te amo por clara e por escura.

XXI

OH que todo o amor propague em mim sua boca,
que não sofra um momento mais sem primavera,
eu não vendi senão minhas mãos à dor,
agora, bem-amada, deixa-me com teus beijos.

Cobre a luz do mês aberto com teu aroma,
fecha as portas com tua cabeleira
e em relação a mim não esqueças que se desperto e choro
é porque em sonhos apenas sou um menino perdido

que busca entre as folhas da noite tuas mãos,
o contato do trigo que tu me comunicas,
um rapto cintilante de sombra e energia.

Oh, bem-amada, e nada mais que sombra
por onde me acompanhes em teus sonhos
e me digas a hora da luz.

XXII

*Quantas vezes, amor, te amei sem ver-te e talvez
     sem lembrança,
sem reconhecer teu olhar, sem fitar-te, centaura,
em regiões contrárias, num meio-dia queimante:
era só o aroma dos cereais que amo.*

*Talvez te vi, te supus ao passar levantando uma taça
em Angola, à luz da lua de junho,
ou eras tu a cintura daquela guitarra
que toquei nas trevas e ressoou como o mar desmedido.*

*Te amei sem que eu o soubesse, e busquei tua memória.
Nas casas vazias entrei com lanterna a roubar teu retrato.
Mas eu já não sabia como eras. De repente*

*enquanto ias comigo te toquei e se deteve minha vida:
diante de meus olhos estavas, regendo-me, e reinas.
Como fogueira nos bosques o fogo é teu reino.*

XXIII

FOI luz o fogo e pão a lua rancorosa,
o jasmim duplicou seu estrelado segredo,
e do terrível amor as suaves mãos puras
deram paz a meus olhos e sol a meus sentidos.

Oh amor, como de repente, dos rasgos
fizeste o edifício da doce firmeza,
derrotaste as unhas malignas e zelosas
e hoje diante do mundo somos como uma só vida.

Assim foi, assim é e assim será até quando,
selvagem e doce amor, bem-amada Matilde,
o tempo nos assinale a flor final do dia.

Sem ti, sem mim, sem luz já não seremos:
então mais além da terra e a sombra
o resplendor de nosso amor seguirá vivo.

XXIV

AMOR, amor, as nuvens à torre do céu
subiram como triunfantes lavadeiras,
e tudo ardeu em azul, foi tudo estrela:
o mar, a nave, o dia se desterraram juntos.

Vem ver as cerejeiras da água constelada
e a clave redonda do rápido universo,
vem tocar o fogo do azul instantâneo,
vem antes que suas pétalas se consumam.

Aqui não há senão luz, quantidades, cachos,
espaço aberto pelas virtudes do vento
até entregar os últimos segredos da espuma.

E entre tantos azuis-celestes, submergidos,
se perdem nossos olhos adivinhando apenas
os poderes do ar, as chaves submarinas.

XXV

ANTES de amar-te, amor, nada era meu:
vacilei pelas ruas e as coisas:
nada contava nem tinha nome:
o mundo era do ar que esperava.

E conheci salões cinzentos,
túneis habitados pela lua,
hangares cruéis que se despediam,
perguntas que insistiam na areia.

Tudo estava vazio, morto e mudo,
caído, abandonado e decaído,
tudo era inalienavelmente alheio,

tudo era dos outros e de ninguém,
até que tua beleza e tua pobreza
de dádivas encheram o outono.

XXVI

NEM A COR das dunas terríveis em Iquique,
nem o estuário do Rio Doce da Guatemala,
mudaram teu perfil conquistado no trigo,
teu estilo de uva grande, tua boca de guitarra.

Oh coração, oh minha desde todo o silêncio,
dos cumes onde reinou a trepadeira
até as desoladas planícies da platina,
em toda pátria pura te repetiu a terra.

Mas nem a intratável mão de montes minerais,
nem neve tibetana, nem pedra da Polônia,
nada alterou tua forma de cereal viageiro,

como se greda ou trigo, guitarras ou cachos
do Chile defendessem em ti seu território
impondo o mandato da lua silvestre.

XXVII

NUA és tão simples como uma de tuas mãos,
lisa, terrestre, mínima, redonda, transparente,
tens linhas de lua, caminhos de maçã,
nua és magra como o trigo nu.

Nua és azul como a noite em Cuba,
tens trepadeiras e estrelas no pelo,
nua és enorme e amarela
como o verão numa igreja de ouro.

Nua és pequena como uma de tuas unhas,
curva, sutil, rosada até que nasça o dia
e te metes no subterrâneo do mundo

como num longo túnel de trajes e trabalhos:
tua claridade se apaga, se veste, se desfolha
e outra vez volta a ser uma mão nua.

XXVIII

AMOR, de grão a grão, de planeta a planeta,
a rede do vento com seus países sombrios,
a guerra com seus sapatos de sangue,
ou melhor o dia e a noite da espiga.

Por onde fomos, ilhas ou pontes ou bandeiras,
violinos do fugaz outono atormentado,
repetiu a alegria dos lábios do copo,
a dor nos deteve com sua lição de pranto.

Em todas as repúblicas desenvolvia o vento
seu pavilhão impune, sua glacial cabeleira,
e logo regressava a flor a seus trabalhos.

Mas em nós nunca se calcinou o outono.
E em nossa pátria imóvel germinava e crescia
o amor com os direitos do orvalho.

XXIX

VENS da pobreza das casas do Sul,
das regiões duras com frio e terremoto
que quando até seus deuses rodaram à morte
nos deram a lição da vida na greda.

És um cavalinho de greda negra, um beijo
de barro escuro, amor, papoula de greda,
pomba do crepúsculo que voou nos caminhos,
alcanzia com lágrimas de nossa pobre infância.

Moça, conservaste teu coração de pobre,
teus pés de pobre acostumados às pedras,
tua boca que nem sempre teve pão ou delícia.

És do pobre Sul, de onde vem minha alma:
em seu céu tua mãe segue lavando roupa
com minha mãe. Por isso te escolhi, companheira.

XXX

TENS do arquipélago as fibras do alerce,
a carne trabalhada pelos séculos do tempo,
veias que conheceram o mar das madeiras,
sangue verde caído do céu à memória.

Ninguém recolherá meu coração perdido
entre tantas raízes, no frescor amargo
do sol multiplicado pela fúria da água,
ali vive a sombra que não viaja comigo.

Por isso tu saíste do Sul como uma ilha
povoada e coroada por plumas e madeira
e eu senti o aroma dos bosques errantes,

achei o mel escuro que conheci na selva,
e toquei em teus quadris as pétalas sombrias
que nasceram comigo e construíram minha alma.

XXXI

COM LOUREIROS do Sul e orégão de Lota
cinjo-te a coroa, pequena monarca de meus ossos,
e não pode faltar-te essa coroa
que elabora a terra com bálsamo e folhagem.

És, como o que te ama, das províncias verdes:
de lá trouxemos barro que nos corre no sangue,
na cidade andamos, como tantos, perdidos,
temerosos de que fechem o mercado.

Bem-amada, tua sombra tem olor de ameixa,
teus olhos esconderam no Sul suas raízes,
teu coração é uma pomba de alcanzia,

teu corpo é liso como as pedras na água,
teus beijos são cachos com orvalho,
e eu a teu lado vivo com a terra.

XXXII

A CASA na manhã com a verdade revolta
de lençóis e plumas, a origem do dia
sem direção, errante como uma pobre barca,
entre os horizontes da ordem e do sonho.

As coisas querem arrastar vestígios,
aderências sem rumo, heranças frias,
os papéis escondem vogais enrugadas
e na garrafa o vinho quer continuar seu ontem.

Ordenadora, passas vibrando como abelha
tocando as regiões perdidas pela sombra,
conquistando a luz com tua branca energia.

E se constrói então de novo a claridade:
obedecem as coisas ao vento da vida
e a ordem estabelece seu pão e sua pomba.

MEIO-DIA

XXXIII

AMOR, agora nos vamos à casa
onde a trepadeira sobe pelas escadas:
antes que chegues, alcançou teu quarto
o verão nu com pés de madressilva.

Nossos beijos errantes percorreram o mundo:
Armênia, espessa gota de mel desenterrada,
Ceilão, pomba verde, e Yang Tsé separando
com antiga paciência os dias das noites.

E agora, bem-amada, pelo mar crepitante
voltamos como duas aves cegas ao muro,
ao ninho da longínqua primavera,

porque o amor não pode voar sem deter-se:
ao muro ou às pedras do mar vão nossas vidas,
a nosso território regressaram os beijos.

XXXIV

ÉS filha do mar e prima do orégão,
nadadora, teu corpo é de água pura,
cozinheira, teu sangue é terra viva
e teus costumes são floridos e terrestres.

À água vão teus olhos e levantam as ondas,
à terra tuas mãos e saltam as sementes,
em água e terra tens propriedades profundas
que em ti se juntam como as leis da greda.

Naiade, corta teu corpo a turquesa
e logo ressurgido floresce na cozinha
de tal modo que assumes quanto existe

e ao fim dormes rodeada por meus braços que afastam
da sombra sombria, para que descanses,
legumes, algas, ervas: a espuma de teus sonhos.

XXXV

TUA MÃO foi voando de meus olhos ao dia.
Entrou a luz como uma roseira aberta.
Areia e céu palpitavam como uma
culminante colmeia cortada nas turquesas.

Tua mão tocou sílabas que tilintavam, taças,
almotolias com azeites amarelos,
corolas, mananciais e, sobretudo, amor,
amor: tua mão pura preservou as colheres.

A tarde foi. A noite deslizou sigilosa
sobre o sonho do homem sua cápsula celeste.
Um triste olor selvagem soltou a madressilva.

E tua mão voltou de seu voo voando
a fechar sua plumagem que eu julguei perdida
sobre meus olhos devorados pela sombra.

XXXVI

CORAÇÃO MEU, rainha do aipo e da artesa:
pequena leoparda do fio e a cebola:
agrada-me ver brilhar teu império diminuto,
as armas da cera, do vinho, do azeite,

do alho, da terra por tuas mãos aberta,
da substância azul acesa em tuas mãos
da transmigração do sonho à salada,
do réptil enrolado na mangueira.

Tu, com tua podadeira levantando o perfume,
tu, com a direção do sabão na espuma,
tu, subindo minhas loucas escalas e escadas,

tu, manejando o sintoma de minha caligrafia
e encontrando na areia do caderno
as letras extraviadas que buscavam tua boca.

XXXVII

OH AMOR, oh raio louco e ameaça purpúrea,
me visitas e sobes por tua viçosa escada
o castelo que o tempo coroou de neblinas,
as pálidas paredes do coração fechado.

Ninguém saberá que só foi a delicadeza
construindo cristais duros como cidades
e que o sangue abria túneis inditosos
sem que sua monarquia derrubasse o inverno.

Por isso, amor, tua boca, teu pé, tua luz, tuas penas,
foram o patrimônio da vida, os dons
sagrados da chuva, da natureza

que recebe e levanta a gravidez do grão,
a tempestade secreta do vinho nas cantinas,
a chama do cereal no solo.

XXXVIII

TUA CASA ressoa como um trem ao meio-dia,
zumbem as vespas, cantam as caçarolas,
a cascata enumera os feitos do orvalho
teu riso desenvolve seu trinar de palmeira.

A luz azul do muro conversa com a pedra,
chega como um pastor silvando um telegrama
e, entre as duas figueiras de voz verde,
Homero sobe com sapatos sigilosos.

Somente aqui a cidade não tem voz nem pranto,
nem sem-fim, nem sonatas, nem lábios, nem buzina
mas um discurso de cascata e de leões,

e tu que sobes, cantas, corres, caminhas, desces,
plantas, coses, cozinhas, pregas, escreves, voltas
ou te foste e se sabe que começou o inverno.

XXXIX

MAS esqueci que tuas mãos satisfaziam
as raízes, regando rosas emaranhadas,
até que floresceram tuas digitais pisadas
na plenária paz da natureza.

O enxadão e a água como animais teus
te acompanham, mordendo e lambendo a terra,
e é assim como, trabalhando, desprendes
fecundidade, fogoso viço de cravos.

Amor e honra de abelhas peço para tuas mãos
que na terra confundem sua estirpe transparente,
e até em meu coração abrem sua agricultura,

de tal modo que sou como pedra queimada
que de súbito, contigo, canta, porque recebe
a água dos bosques por tua voz conduzida.

XL

ERA VERDE o silêncio, molhada era a luz,
tremia o mês de junho como uma borboleta
e no astral domínio, desde o mar e as pedras,
Matilde atravessaste o meio-dia.

Ias carregada de flores ferruginosas,
algas que o vento sul atormenta e esquece,
ainda brancas, fendidas pelo sal devorante,
tuas mãos levantavam as espigas de areia.

Amo teus dons puros, tua pele de pedra intacta,
tuas unhas oferecidas no sol de teus dedos,
tua boca derramada por toda a alegria,

mas, para minha casa vizinha do abismo,
dá-me o atormentado sistema do silêncio,
o pavilhão do mar esquecido na areia.

XLI

DESVENTURAS do mês de janeiro quando
         o indiferente
meio-dia estabelece sua equação no céu,
um ouro duro como o vinho de uma taça repleta
satura a terra até seus limites azuis.

Desventuras deste tempo semelhantes a uvas
pequenas que agruparam verde amargo,
confusas, escondidas lágrimas dos dias,
até que a intempérie publicou seus cachos.

Sim, germes, dores, tudo o que palpita
aterrado, à luz crepitante de janeiro,
madurará, arderá como arderam os frutos.

Divididos serão os pesares: a alma
dará um golpe de vento, e a morada
ficará limpa como o pão novo na mesa.

XLII

RADIANTES dias balançados pela água marinha,
concentrados como o interior de uma pedra amarela
cujo esplendor de mel não derrubou a desordem:
preservou sua pureza de retângulo.

Crepita, sim, a hora como fogo ou abelhas
e é verde a tarefa de submergir em folhas,
até que para a altura é a folhagem
um mundo cintilante que se apaga e sussurra.

Sede do fogo, abrasadora multidão do estio
que constrói um Éden com algumas quantas folhas,
porque a terra de rosto escuro não quer sofrimentos,

mas frescor ou fogo, água ou pão para todos,
e nada deverá dividir os homens
senão o sol ou a noite, a lua ou as espigas.

XLIII

UM SINAL teu busco em todas as outras,
no brusco, ondulante rio das mulheres,
tranças, olhos apenas submergidos,
pés claros que resvalam navegando na espuma.

De repente me parece que diviso tuas unhas
oblongas, fugitivas, sobrinhas de uma cerejeira,
e outra vez é teu pelo que passa e me parece
ver arder na água teu retrato de fogueira.

Olhei, mas nenhuma levava teu latejo,
tua luz, a greda escura que trouxeste do bosque,
nenhuma teve tuas mínimas orelhas.

Tu és total e breve, de todas és uma,
e assim contigo vou percorrendo e amando
um amplo Mississipi de estuário feminino.

XLIV

SABERÁS que não te amo e que te amo
posto que de dois modos é a vida,
a palavra é uma asa do silêncio,
o fogo tem uma metade de frio.

Eu te amo para começar a amar-te,
para recomeçar o infinito
e para não deixar de amar-te nunca:
por isso não te amo todavia.

Te amo e não te amo como se tivesse
em minhas mãos as chaves da fortuna
e um incerto destino desditoso.

Meu amor tem duas vidas para amar-te.
Por isso te amo quando não te amo
e por isso te amo quando te amo.

XLV

NÃO ESTEJAS longe de mim um só dia, porque como,
porque, não sei dizê-lo, é comprido o dia,
e te estarei esperando como nas estações
quando em alguma parte dormitaram os trens.

Não te vás por uma hora porque então
nessa hora se juntam as gotas do desvelo
e talvez toda a fumaça que anda buscando casa
venha matar ainda meu coração perdido.

Ai que não se quebrante tua silhueta na areia,
ai que não voem tuas pálpebras na ausência:
não te vás por um minuto, bem-amada,

porque nesse minuto terás ido tão longe
que eu cruzarei toda a terra perguntando
se voltarás ou se me deixarás morrendo.

XLVI

DAS ESTRELAS que admirei, molhadas
por rios e rocios diferentes,
eu não escolhi senão a que eu amava
e desde então durmo com a noite.

Da onda, uma onda e outra onda,
verde mar, verde frio, ramo verde,
eu não escolhi senão uma só onda:
a onda indivisível de teu corpo.

Todas as gotas, todas as raízes,
todos os fios da luz vieram,
vieram-me ver tarde ou cedo.

Eu quis para mim tua cabeleira.
E de todos os dons de minha pátria
só escolhi teu coração selvagem.

XLVII

DETRÁS DE MIM no ramo quero ver-te.
Pouco a pouco te converteste em fruto.
Não te custou subir das raízes
cantando com tua sílaba de seiva.

E aqui estarás primeiro em flor fragrante,
na estátua de um beijo convertida,
até que o sol e terra, sangue e céu,
te concedam a delícia e a doçura.

No ramo verei tua cabeleira,
teu sinal madurando na folhagem,
acercando as folhas a minha sede,

e tua substância encherá minha boca,
o beijo que subiu da terra
com teu sangue de fruta enamorada.

XLVIII

DOIS AMANTES ditosos fazem um só pão,
uma só gota de lua na erva,
deixam andando duas sombras que se reúnem,
deixam um só sol vazio numa cama.

De todas as verdades escolheram o dia:
não se ataram com fios senão com um aroma,
e não despedaçaram a paz nem as palavras.
A ventura é uma torre transparente.

O ar, o vinho vão com os dois amantes,
a noite lhes oferta suas ditosas pétalas,
têm direito a todos os cravos.

Dois amantes felizes não têm fim nem morte,
nascem e morrem muitas vezes enquanto vivem,
têm da natureza a eternidade.

XLIX

É HOJE: todo o ontem foi caindo
entre dedos de luz e olhos de sonho,
amanhã chegará com passos verdes:
ninguém detém o rio da aurora.

Ninguém detém o rio de tuas mãos,
os olhos de teu sonho, bem-amada,
és tremor do tempo que transcorre
entre luz vertical e sol sombrio,

e o céu fecha sobre ti suas asas
levando-te e trazendo-te a meus braços
com pontual, misteriosa cortesia:

por isso canto ao dia e à lua,
ao mar, ao tempo, a todos os planetas,
a tua voz diurna e a tua pele noturna.

L

COTAPOS disse que teu riso tomba
como um falcão de alguma brusca torre
e, é verdade, atravessas a folhagem do mundo
com um só relâmpago de tua estirpe celeste

que cai, e corta, e saltam as línguas do orvalho,
as águas do diamante, a luz com suas abelhas
e ali onde vivia com sua barba o silêncio
rebentam as granadas do sol e as estrelas,

vem abaixo o céu com a noite sombria,
ardem à lua cheia, sinos e cravos,
e correm os cavalos dos talabarteiros*,

porque tu sendo tão pequeninha como és,
do teu meteoro deixas cair o riso
eletrizando o nome da natureza.

---

* Talabarteiros – seleiros. Termo usado no Rio Grande do Sul. (N.T.)

LI

TEU RISO pertence a uma árvore entreaberta
por um raio, por um relâmpago prateado
que do céu tomba quebrando-se na copa,
partindo em duas a árvore com uma só espada.

Nas terras altas da folhagem com neve apenas
nasce um riso como o teu, bem-amante,
é o riso do ar desatado na altura,
costumes de araucária, bem-amada.

Cordilheirana minha, chillaneja* evidente,
corta com as facas de teu riso a sombra,
a noite, a manhã, o mel do meio-dia,

e que saltem ao céu as aves da folhagem
quando como uma luz esbanjadora
rompe teu riso a árvore da vida.

---

* Chillaneja – espécie de pequena raposa. (N.T.)

LII

CANTAS e a sol e a céu com teu canto
tua voz debulha o cereal do dia,
falam os pinheiros com sua língua verde:
trinam todas as aves do inverno.

O mar enche seus porões de passos,
de sinos, cadeias e gemidos,
tilintam metais e utensílios,
chiam as rodas da caravana.

Mas só tua voz escuto e sobe
tua voz com voo e precisão de flecha,
desce tua voz com gravidade de chuva,

tua voz esparge altíssimas espadas
volta tua voz pesada de violetas
e logo me acompanha pelo céu.

LIII

AQUI está o pão, o vinho, a mesa, a morada:
o ofício do homem, a mulher e a vida:
a este lugar corria a paz vertiginosa,
por esta luz ardeu a comum queimadura.

Honra a tuas duas mãos que voam preparando
os brancos resultados do canto e a cozinha,
salve! a inteireza de teus pés corredores,
viva! a bailarina que baila com a escova.

Aqueles bruscos rios com águas e ameaças,
aquele atormentado pavilhão da espuma,
aqueles incendiários favos e recifes

são hoje este repouso de teu sangue no meu,
este leito estrelado e azul como a noite
esta simplicidade sem-fim da ternura.

TARDE

LIV

ESPLÊNDIDA razão, demônio claro
do cacho absoluto, do reto meio-dia,
aqui estamos ao fim, sem solidão e sós,
longe do desvario da cidade selvagem.

Quando a linha pura rodeia sua pomba
e o fogo condecora a paz com seu sustento,
tu e eu erigimos este celeste efeito.
Razão e amor despidos vivem nesta casa.

Sonhos furiosos, rios de amarga certeza,
decisões mais duras que o sonho de um martelo
caíram na dúplice taça dos amantes.

Até que na balança se elevaram, gêmeos,
a razão e o amor como duas asas.
Assim se construiu a transparência.

LV

ESPINHOS, vidros rotos, enfermidades, pranto
assediam dia e noite o mel dos felizes
e não serve a torre, nem a viagem nem os muros:
a desventura atravessa a paz dos adormecidos,

a dor sobe e desce e acerca suas colheres
e não há homem sem este movimento,
não há natalício, não há teto nem cercado:
há que tomar em conta este atributo.

E no amor não valem tampouco olhos fechados,
profundos leitos longe do pestilente ferido,
ou do que passo a passo conquista sua bandeira.

Porque a vida pega como cólera ou rio
e abre um túnel sangrento por onde nos vigiam
os olhos de uma imensa família de dores.

LVI

ACOSTUMA-TE a ver detrás de mim a sombra
e que tuas mãos saiam do rancor, transparentes,
como se na manhã do mar fossem criadas:
o sal te deu, amor meu, proporção cristalina.

A inveja sofre, morre, se esgota com meu canto.
Um a um agonizam seus tristes capitães.
Eu digo amor, e o mundo se povoa de pombas.
Cada sílaba minha traz a primavera.

Então tu, florescida, coração, bem-amada,
sobre meus olhos como as folhagens do céu
és, e eu te fito recostada na terra.

Vejo o sol transmigrar cachos a teu rosto,
olhando para a altura reconheço teus passos.
Matilde, bem-amada, diadema, bem-vinda!

LVII

MENTEM os que disseram que eu perdi a lua,
os que profetizaram meu porvir de areia,
asseveraram tantas coisas com línguas frias:
quiseram proibir a flor do universo.

"Já não cantará mais o âmbar insurgente
da sereia, não tem senão povo."
E mastigavam seus incessantes papéis
patrocinando para minha guitarra o esquecimento.

Eu lhes lancei aos olhos as lanças deslumbrantes
de nosso amor cravando teu coração e o meu,
eu reclamei o jasmim que deixavam tuas pegadas,

eu me perdi de noite sem luz sob tuas pálpebras
e quando me envolveu a claridade
nasci de novo, dono de minha própria treva.

LVIII

ENTRE os espadões de ferro literário
passo eu como um marinheiro remoto
que não conhece as esquinas e que canta
porque sim, porque como se não fosse por isso.

Dos atormentados arquipélagos trouxe
meu acordeão com borrascas, aragem de chuva louca,
e um costume lento de coisas naturais:
elas determinaram meu coração silvestre.

Assim quando os dentes da literatura
trataram de morder meus honrados talões*,
eu passei, sem saber, cantando com o vento

para os almazéns chuvosos de minha infância,
para os bosques frios do Sul indefinível,
para onde minha vida se completou com teu aroma.

---

* Talões – no sentido de calcanhares. (N.T.)

LIX

(G.M.)

POBRES poetas a quem a vida e a morte
perseguiram com a mesma tenacidade sombria
e logo são cobertos por impassível pompa,
entregues ao rito e ao dente funerário.

Eles – obscuros como pedrinhas – agora
detrás dos cavalos arrogantes, estendidos
vão, governados ao fim pelos intrusos,
entre os acompanhantes, a dormir sem silêncio.

Antes e já seguros de que está morto o morto
fazem das exéquias um festim miserável
com pavões, porcos e outros oradores.

Espreitaram sua morte e então a ofenderam:
só porque sua boca está fechada
e já não pode contestar seu canto.

LX

A TI FERE aquele que quis fazer-me dano,
e o golpe do veneno contra mim dirigido
como por uma rede passa entre meus trabalhos
e em ti deixa uma mancha de óxido e desvelo.

Não quero ver, amor, na lua florescida
de tua fronte cruzar o ódio que me espreita.
Não quero que em teu sonho deixe o rancor alheio
esquecida sua inútil coroa de facas.

Onde vou vão atrás de meus passos amargos,
onde rio um trejeito de horror copia minha cara,
onde canto a inveja maldiz, ri e rói.

E é essa, amor, a sombra que a vida me tem dado:
é um traje vazio que me segue coxeando
como um espantalho de sorriso sangrento.

LXI

TROUXE o amor sua cauda de dores,
seu longo raio estático de espinhos,
e fechamos os olhos porque nada,
para que nenhuma ferida nos separe.

Não é culpa de teus olhos este pranto:
tuas mãos não cravaram esta espada:
não buscaram teus pés este caminho:
chegou a teu coração o mel sombrio.

Quando o amor como uma imensa onda
nos estrelou contra a pedra dura,
nos amassou com uma só farinha,

caiu a dor sobre outro doce rosto
e assim na luz da estação aberta
se consagrou a primavera ferida.

LXII

AI DE MIM, ai de nós, bem-amada,
só quisemos apenas amor, amar-nos,
e entre tantas dores se dispôs
somente a nós dois ser malferidos.

Quisemos o tu e o eu para nós,
o tu do beijo, o eu do pão secreto,
e assim era tudo, eternamente simples,
até que o ódio entrou pela janela.

Odeiam os que não amaram nosso amor,
nem outro nenhum amor, desventurados
como as cadeiras de um salão perdido,

até que em cinza se enredaram
e o rosto ameaçante que tiveram
se apagou no crepúsculo apagado.

LXIII

*Não só pelas terras desertas onde a pedra salina
é como a rosa única, é flor pelo mar enterrada,
andei; mas pela margem de rios que cortam a neve.
As amargas alturas das cordilheiras conhecem meus passos.*

*Emaranhada, silvante região de minha pátria selvagem,
lianas cujo beijo mortal se encadeia na selva,
lamento molhado da ave que surge lançando seus calafrios,*

*oh região de perdidas dores e pranto inclemente!
Não só são meus a pele venenosa do cobre
ou o salitre estendido como estátua jazente e nevada,
mas a vinha, a cerejeira premiada pela primavera,*

*são meus, e eu pertenço como átomo negro
às áridas terras e à luz do outono nas uvas,
a esta pátria metálica elevada por torres de neve.*

LXIV

DE TANTO AMOR minha vida se tingiu de violeta
e fui de rumo em rumo como as aves cegas
até chegar a tua janela, amiga minha:
tu sentiste um rumor de coração quebrado

e ali da escuridão me levantei a teu peito,
sem ser e sem saber fui à torre do trigo,
surgi para viver entre tuas mãos,
me levantei do mar a tua alegria.

Ninguém pode contar o que te devo, é lúcido
o que te devo, amor, e é como uma raiz
natal de Araucânia, o que te devo, amada.

É sem dúvida estrelado tudo o que te devo,
o que te devo é como o poço de uma zona silvestre
onde guardou o tempo relâmpagos errantes.

LXV

MATILDE, onde estás? Notei, para baixo,
entre gravata e coração, acima,
certa melancolia intercostal:
era que de repente estavas ausente.

Fez-me falta a luz de tua energia
e olhei devorando a esperança,
olhei o vazio que é sem ti uma casa,
não ficam senão trágicas janelas.

De puro taciturno o teto escuta
cair antigas chuvas desfolhadas,
plumas, o que a noite aprisionou:

e assim te espero como casa só
e voltarás a ver-me e habitar-me.
De outro modo me doem as janelas.

LXVI

NÃO TE QUERO senão porque te quero
e de querer-te a não querer-te chego
e de esperar-te quando não te espero
passa meu coração do frio ao fogo.

Te quero só porque a ti te quero,
te odeio sem-fim, e odiando-te rogo,
e a medida de meu amor viageiro
é não ver-te e amar-te como um cego.

Talvez consumirá a luz de janeiro
seu raio cruel, meu coração inteiro,
roubando-me a chave do sossego.

Nesta história só eu morro
e morrerei de amor porque te quero,
porque te quero, amor a sangue e fogo.

LXVII

A GRANDE CHUVA do Sul cai sobre Ilha Negra
como uma só gota transparente e pesada,
o mar abre suas folhas frias e a recebe,
a terra apreende o úmido destino de uma taça.

Alma minha, dá-me em teus beijos a água
salobre destes meses, o mel do território,
a fragrância molhada por mil lábios do céu,
a paciência sagrada do mar no inverno.

Algo nos chama, todas as portas se abrem sós,
relata a água um longo rumor às janelas,
cresce o céu para baixo tocando as raízes,

e assim tece e destece sua rede celeste o dia
com tempo, sal, sussurros, crescimentos, caminhos,
uma mulher, um homem e o inverno na terra.

LXVIII

(Carranca de Proa)

A MENINA de madeira não chegou caminhando:
ali esteve de súbito sentada nos ladrilhos,
velhas flores do mar cobriam sua cabeça,
seu olhar tinha tristeza de raízes.

Ali ficou olhando nossas vidas abertas,
o ir e ser e andar e voltar pela terra,
o dia descolorindo suas pétalas graduais.
Vigiava sem ver-nos a menina de madeira.

A menina coroada pelas antigas ondas
ali fitava com seus olhos derrotados:
sabia que vivemos numa rede remota

de tempo e água e ondas e sons e chuva,
sem saber se existimos ou se somos seu sonho.
Esta é a história da moça de madeira.

LXIX

TALVEZ não ser é ser sem que tu sejas,
sem que vás cortando o meio-dia
como uma flor azul, sem que caminhes
mais tarde pela névoa e os ladrilhos,

sem essa luz que levas na mão
que talvez outros não verão dourada,
que talvez ninguém soube que crescia
como a origem rubra da rosa,

sem que sejas, enfim, sem que viesses
brusca, incitante, conhecer minha vida,
aragem de roseira, trigo do vento,

e desde então sou porque tu és,
e desde então és, sou e somos
e por amor serei, serás, seremos.

LXX

TALVEZ ferido vou sem ir sangrento
por algum dos raios de tua vida
e a meia selva me detém a água:
a chuva que tomba com seu céu.

Então toco o coração chovido:
ali sei que teus olhos penetraram
pela região extensa de minha pena
e um sussurro de sombra surge só:

Quem é? Quem é? Mas não teve nome
a folha ou a água escura que palpita
a meia selva, surda, no caminho,

e assim, amor meu, soube que fui ferido
e ninguém falava ali senão a sombra,
a noite errante, o beijo da chuva.

LXXI

DE PENA em pena cruza suas ilhas o amor
e estabelece raízes que logo rega o pranto,
e ninguém pode, ninguém pode evadir os passos
do coração que corre calado e carniceiro.

Assim tu e eu buscamos um vazio, outro planeta
onde não tocasse o sal tua cabeleira,
onde não crescessem dores por minha culpa,
onde viva o pão sem agonia.

Um planeta enredado por distância e folhagens,
um páramo, uma pedra cruel e desabitada,
com nossas próprias mãos fazer um ninho duro.

Queríamos, sem dano nem ferida nem palavra,
e não foi assim o amor, senão uma cidade louca
onde as pessoas empalidecem nas sacadas.

LXXII

AMOR MEU, o inverno regressa a seus quartéis,
estabelece a terra seus dons amarelos
e passamos a mão sobre um país remoto,
sobre a cabeleira da geografia.

Ir-nos! Hoje! Adiante, rodas, naves, sinos,
aviões acerados pelo diurno infinito
para o olor nupcial do arquipélago,
por longitudinais farinhas de usufruto!

Vamos, levanta-te, e endiadema-te e sobe
e desce e corre e trina com o ar e comigo
vamo-nos aos trens da Arábia ou Tocopilla,

sem mais que transmigrar para o pólen longínquo,
a povoados lancinantes de farrapos e gardênias
governados por pobres monarcas sem sapatos.

LXXIII

RECORDARÁS talvez aquele homem afilado
que da escuridão saiu como uma faca
e, antes de que soubéssemos, sabia:
viu a fumaça e decidiu que vinha do fogo.

A pálida mulher de cabeleira negra
surgiu como um peixe do abismo
e entre os dois alçaram ao encontro do amor
uma máquina armada de dentes numerosos.

Homem e mulher talaram montanhas e jardins,
desceram aos rios, ascenderam pelos muros,
subiram pelos montes sua atroz artilharia.

O amor soube então que se chamava amor.
E quando levantei meus olhos a teu nome
teu coração logo dispôs de meu caminho.

LXXIV

O CAMINHO molhado pela água de agosto
brilha como se fosse cortado em lua cheia,
em plena claridade da maçã,
em metade da fruta do outono.

Neblina, espaço ou céu, a vaga rede do dia
cresce com frios sonhos, sons e pescados.
O vapor das ilhas combate a comarca,
palpita o mar sobre a luz do Chile.

Tudo se reconcentra como o metal, se escondem
as folhas, o inverno mascara sua estirpe
e só cegos somos, sem cessar, somente.

Somente sujeitos ao leito sigiloso
do movimento, adeus, da viagem, do caminho:
adeus, da natureza caem as lágrimas.

LXXV

ESTA é a casa, o mar e a bandeira.
Errávamos por outros longos muros.
Não achávamos a porta nem o som
desde a ausência como desde mortos.

E ao fim a casa abre seu silêncio,
entramos a pisar o abandono,
os momentos mortos, o adeus vazio,
a água que chorou no encanamento.

Chorou, chorou a casa noite e dia,
gemeu com as aranhas*, entreaberta,
se desgastou desde seus olhos negros,

e agora de repente a revolvemos viva,
a povoamos e não nos reconhece:
tem que florescer, e não se acorda.

---

* Aranhas – pequenas carruagens puxadas por cavalos. (N.T.)

LXXVI

DIEGO RIVERA com a paciência do osso
buscava a esmeralda do bosque na pintura
ou o vermelhão, a flor súbita do sangue,
recolhia a luz do mundo em teu retrato.

Pintava o imperioso talhe de teu nariz,
a centelha de tuas pupilas desbocadas,
tuas unhas que alimentam a inveja da lua,
e em tua pele estival, tua boca de melancia.

Te pôs duas cabeças de vulcão acesas
por fogo, por amor, por estirpe araucana,
e sobre os dois rostos dourados da greda

te cobriu com o casco de um incêndio bravio
e ali secretamente ficaram enredados meus olhos
em tua torre total: tua cabeleira.

LXXVII

HOJE é hoje com o peso de todo o tempo ido,
com as asas de tudo o que será amanhã,
hoje é o Sul do mar, a velha idade da água
e a composição de um novo dia.

À tua boca elevada à luz ou à lua
se acresceram as pétalas de um dia consumido,
e ontem vem trotando por sua rua sombria
para que recordemos teu rosto que morreu.

Hoje, ontem e amanhã se comem caminhando,
consumimos um dia como uma vaca ardente,
nosso gado espera com seus dias contados,

mas em teu coração pôs sua farinha o tempo,
meu amor construiu um forno com barro de Temuco:
tu és o pão de cada dia para minha alma.

LXXVIII

*Não tenho nunca mais, não tenho sempre. Na areia
a vitória deixou seus pés perdidos.
Sou um pobre homem disposto a amar seus semelhantes.
Não sei quem és. Te amo. Não dou, não vendo espinhos.*

*Alguém saberá talvez que não teci coroas
sangrentas, que combati o engano,
e que em verdade enchi a preamar de minha alma.
Eu paguei a vileza com pombas.*

*Eu não tenho jamais porque distinto
fui, sou, serei. E em nome
de meu mutante amor proclamo a pureza.*

*A morte é só pedra do esquecimento.
Te amo, beijo em tua boca a alegria.
Tragamos lenha. Faremos fogo na montanha.*

NOITE

LXXIX

DE NOITE, amada, amarra teu coração ao meu
e que eles no sonho derrotem as trevas
como um duplo tambor combatendo no bosque
contra o espesso muro das folhas molhadas.

Noturna travessia, brasa negra do sonho
interceptando o fio das uvas terrestres
com a pontualidade de um trem descabelado
que sombra e pedras frias sem cessar arrastasse.

Por isso, amor, amarra-me ao movimento puro,
à tenacidade que em teu peito bate
com as asas de um cisne submergido,

para que às perguntas estreladas do céu
responda nosso sonho com uma só chave,
com uma só porta fechada pela sombra.

LXXX

DE VIAGENS e dores eu regressei, amor meu,
a tua voz, a tua mão voando na guitarra,
ao fogo que interrompe com beijos o outono,
à circulação da noite no céu.

Para todos os homens peço pão e reinado,
peço terra para o lavrador sem-ventura,
que ninguém espere trégua de meu sangue ou meu canto.
Mas a teu amor não posso renunciar sem morrer.

Por isso toca a valsa da serena lua,
a barcarola na água da guitarra
até que se dobre minha cabeça sonhando:

que todos os desvelos de minha vida teceram
esta ramagem onde tua mão vive e voa
custodiando a noite do viageiro dormido.

LXXXI

JÁ ÉS minha. Repousa com teu sonho em meu sonho.
Amor, dor, trabalhos, devem dormir agora.
Gira a noite sobre suas invisíveis rodas
e junto a mim és pura como o âmbar dormido.

Nenhuma mais, amor, dormirá com meus sonhos.
Irás, iremos juntos pelas águas do tempo.
Nenhuma viajará pela sombra comigo,
só tu, sempre-viva, sempre sol, sempre lua.

Já tuas mãos abriram os punhos delicados
e deixaram cair suaves sinais sem rumo
teus olhos se fecharam como duas asas cinzas,

enquanto eu sigo a água que levas e me leva:
a noite, o mundo, o vento enovelam seu destino,
e já não sou sem ti senão apenas teu sonho.

LXXXII

AMOR MEU, ao fechar esta porta noturna
te peço, amor, uma viagem por escuro recinto:
fecha teus sonhos, entra com teu céu em meus olhos,
estende-te em meu sangue como num amplo rio.

Adeus, adeus, cruel claridade que foi caindo
no saco de cada dia do passado,
adeus a cada raio de relógio ou laranja,
saúde, oh sombra, intermitente companheira!

Nesta nave ou água ou morte ou nova vida,
uma vez mais unidos, dormidos, ressurgidos,
somos o matrimônio da noite no sangue.

Não sei quem vive ou morre, quem repousa ou desperta,
mas é teu coração o que reparte
em meu peito os dons da aurora.

LXXXIII

É BOM, amor, sentir-te perto de mim na noite,
invisível em teu sonho, seriamente noturna,
enquanto eu desenrolo minhas preocupações
como se fossem redes confundidas.

Ausente, pelos sonhos teu coração navega,
mas teu corpo assim abandonado respira
buscando-me sem ver-me, completando meu sonho
como uma planta que se duplica na sombra.

Erguida, serás outra que viverá amanhã,
mas das fronteiras perdidas na noite,
deste ser e não ser em que nos encontramos

algo fica acercando-nos na luz da vida
como se o selo da sombra assinalasse
com fogo suas secretas criaturas.

LXXXIV

UMA VEZ MAIS, amor, a rede do dia extingue
trabalhos, rodas, fogos, estertores, adeuses,
e à noite entregamos o trigo vacilante
que o meio-dia obteve da luz e a terra.

Só a lua no meio de sua página pura
sustém as colunas do estuário do céu,
a habitação adota a lentidão do ouro
e vão e vão tuas mãos preparando a noite.

Oh amor, oh noite, oh cúpula fechada por um rio
de impenetráveis águas na sombra do céu
que destaca e submerge suas uvas tempestuosas,

até que só sejamos um só espaço escuro,
uma taça em que a cinza celeste tomba,
uma gota no pulso de um lento e longo rio.

LXXXV

DO MAR para as ruas corre a vaga névoa
como o bafo de um boi enterrado no frio,
e longas línguas de água se acumulam cobrindo
o mês que a nossas vidas prometeu ser celeste.

Adiantado outono, favo silvante de folhas,
quando sobre os povoados palpita teu estandarte
cantam mulheres loucas despedindo os rios,
os cavalos relincham para a Patagônia.

Há uma trepadeira vespertina em teu rosto
que cresce silenciosa pelo amor transportada
até as ferraduras crepitantes do céu.

Me inclino sobre o fogo de teu corpo noturno
e não apenas teus seios amo mas o outono
que esparge pela névoa seu sangue ultramarino.

LXXXVI

OH CRUZ DO SUL, oh trevo de fósforo fragrante,
com quatro beijos hoje penetrou tua formosura
e atravessou a sombra e meu chapéu:
a lua ia redonda pelo frio.

Então com meu amor, com minha amada, oh diamantes
de escarcha azul, serenidade do céu,
espelho, apareceste e completou-se a noite
com tuas quatro adegas trêmulas de vinho.

Oh palpitante prata de peixe polido e puro,
cruz verde, perrexil da sombra radiante,
vaga-lume à unidade do céu condenado,

descansa em mim, fechemos teus olhos e os meus.
Por um minuto dorme com a noite do homem.
Acende em mim teus quatro números constelados.

LXXXVII

AS TRÊS AVES do mar, três raios, três tesouras,
cruzaram pelo céu frio para Antofagasta,
por isso ficou o ar tremuloso,
tudo tremeu como bandeira ferida.

Solidão, dá-me o sinal de tua incessante origem,
o apenas caminho dos pássaros cruéis,
e a palpitação que sem dúvida precede
o mel, a música, o mar, o nascimento.

(Solidão sustentada por um constante rosto
como uma grave flor sem cessar estendida
até abarcar a pura multidão do céu.)

Voavam asas frias do mar, do Arquipélago,
para a areia do Noroeste do Chile.
E a noite fechou seu celeste ferrolho.

LXXXVIII

O MÊS de março volta com sua luz escondida
e deslizam peixes imensos pelo céu,
vago vapor terrestre progride sigiloso,
uma por uma caem ao silêncio as coisas.

Por sorte nesta crise de atmosfera errante
reuniste as vidas do mar com as do fogo,
o movimento cinza da nave de inverno,
a forma que o amor imprimiu à guitarra.

Oh amor, rosa molhada por sereias e espumas,
fogo que dança e sobe a invisível escada
e desperta no túnel da insônia ao sangue

para que se consumam as ondas no céu,
esqueça o mar seus bens e leões
e caia o mundo dentro das redes escuras.

LXXXIX

QUANDO eu morrer quero tuas mãos em meus olhos:
quero a luz e o trigo de tuas mãos amadas
passar uma vez mais sobre mim seu viço:
sentir a suavidade que mudou meu destino.

Quero que vivas enquanto eu, adormecido, te espero,
quero que teus ouvidos sigam ouvindo o vento,
que cheires o amor do mar que amamos juntos
e que sigas pisando a areia que pisamos.

Quero que o que amo continue vivo
e a ti amei e cantei sobre todas as coisas,
por isso segue tu florescendo, florida,

para que alcances tudo o que meu amor te ordena,
para que passeie minha sombra por teu pelo,
para que assim conheçam a razão de meu canto.

XC

PENSEI morrer, senti de perto o frio,
e de quanto vivi só a ti deixava:
tua boca eram meu dia e minha noite terrestres
e tua pele a república fundada por meus beijos.

Nesse instante terminaram os livros,
a amizade, os tesouros sem trégua acumulados,
a casa transparente que tu e eu construímos:
tudo deixou de ser, menos teus olhos.

Porque o amor, enquanto a vida nos acossa,
é simplesmente uma onda alta sobre as ondas,
mas quando a morte vem tocar a porta

há teu olhar apenas para tanto vazio,
só tua claridade para não seguir sendo,
só teu amor para fechar a sombra.

XCI

A IDADE nos cobre como a garoa,
interminável e árido é o tempo,
uma pluma de sal toca teu rosto,
uma goteira corroeu minha roupa:

o tempo não distingue entre minhas mãos
ou um voo de laranjas nas tuas:
fere com neve ou enxadão a vida:
a vida tua que é a vida minha.

A vida minha que te dei se enche
de anos, como o volume de um cacho.
Regressarão as uvas à terra.

E ainda lá embaixo o tempo segue sendo,
esperando, chovendo sobre o pó,
ávido de apagar até a ausência.

XCII

AMOR MEU, se morro e tu não morres,
amor meu, se morres e não morro,
não demos à dor mais território:
não há extensão como a que vivemos.

Pó no trigo, areia nas areias,
o tempo, a água errante, o vento vago
nos transportou como grão-navegante.
Podemos não nos encontrar no tempo.

Esta campina em que nos achamos,
oh pequeno infinito! devolvemos.
Mas este amor, amor, não terminou,

e assim como não teve nascimento
morte não tem, é como um longo rio,
só muda de terras e de lábios.

XCIII

SE ALGUMA VEZ teu peito se detém,
se algo deixa de andar ardendo por tuas veias,
se tua voz em tua boca se vai sem ser palavra,
se tuas mãos se esquecem de voar e dormem,

Matilde, amor, deixa teus lábios entreabertos
porque esse último beijo deve durar comigo,
deve ficar imóvel para sempre em tua boca
para que assim também me acompanhe em minha morte.

Morrerei beijando tua louca boca fria,
abraçando o cacho perdido de teu corpo,
e buscando a luz de teus olhos fechados.

E assim quando a terra receber nosso abraço
iremos confundidos numa única morte
a viver para sempre de um beijo a eternidade.

XCIV

SE MORRO sobrevive-me com tanta força pura
que despertes a fúria do pálido e do frio,
de Sul a Sul levanta teus olhos indeléveis,
de sol a sol que soe tua boca de guitarra.

Não quero que vacilem teu riso nem teus passos,
não quero que pereça minha herança de alegria,
não chames a meu peito, estou ausente.
Vive em minha ausência como numa casa.

É uma casa tão grande a ausência
que passarás nela através dos muros
e penderás os quadros no ar.

É uma casa tão transparente a ausência
que eu sem vida te verei viver
e se sofres, meu amor, morrerei outra vez.

XCV

OS QUE se amaram como nós? Busquemos
as antigas cinzas do coração queimado
e ali que tombem um por um nossos beijos
até que ressuscite a flor desabitada.

Amemos o amor que consumiu seu fruto
e desceu à terra com rosto e poderio:
tu e eu somos a luz que continua,
sua inquebrantável espiga delicada.

Ao amor sepultado por tanto tempo frio,
por neve e primavera, por esquecimento e outono,
acerquemos a luz de uma nova maçã,

do frescor aberto por uma nova ferida,
como o amor antigo que caminha em silêncio
por uma eternidade de bocas enterradas.

XCVI

PENSO, esta época em que tu me amaste
irá por outra azul substituída,
será outra pele sobre os mesmos ossos,
outros olhos verão a primavera.

Nenhum dos que amarraram esta hora,
dos que conversaram com o fumo,
governos, traficantes, transeuntes,
continuarão movendo-se em seus fios.

Irão os cruéis deuses com óculos,
os peludos carnívoros com livro,
os pulgões e os pipipasseiros*.

E quando estiver recém-lavado o mundo
nascerão outros olhos na água
e crescerá sem lágrimas o trigo.

---

* Pipipasseiros – palavra composta, invenção nerudiana. (N.T.)

XCVII

HÁ que voar neste tempo, aonde?
Sem asas, sem avião, voar sem dúvida:
já os passos passaram sem remédio,
não alçaram os pés do passageiro.

Há que voar a cada instante como
as águias, as moscas e os dias,
há que vencer os olhos de Saturno
e estabelecer ali novos sinos.

Já não bastam sapatos nem caminhos,
já não servem a terra aos errantes,
já cruzaram a noite as raízes,

e tu aparecerás em outra estrela
determinadamente transitória
por fim em papoula convertida.

XCVIII

E ESTA PALAVRA, este papel escrito
pelas mil mãos de uma só mão,
não fica em ti, não serve para sonhos,
cai à terra: ali permanece.

Não importa que a luz ou a louvação
se derramem e saiam da taça
se foram um tenaz tremor do vinho
se tingiu tua boca de amaranto.

Não quer mais a sílaba tardia,
o que traz e retraz o arrecife
de minhas lembranças, a irritada espuma,

não quer mais senão escrever teu nome.
E ainda que o cale meu sombrio amor
mais tarde o dirá a primavera.

XCIX

OUTROS DIAS VIRÃO, será entendido
o silêncio de plantas e planetas
e quantas coisas puras passarão!
Terão cheiro de lua os violinos!

O pão será talvez como tu és:
terá tua voz, tua condição de trigo,
e falarão outras coisas com tua voz:
os cavalos perdidos do outono.

Ainda que não seja como está disposto
o amor encherá grandes barricas
como o antigo mel dos pastores,

e tu no pó de meu coração
(onde haverá imensos armazéns)
irás e voltarás entre melancias.

C

NO MEIO da terra afastarei
as esmeraldas para divisar-te
e tu estarás copiando as espigas
com tua pluma de água mensageira.

Que mundo! Que profundo perrexil!
Que nave navegando na doçura!
E tu talvez e eu talvez topázio!
Já divisão não haverá nos sinos.

Já não haverá senão todo o ar liberto,
as maçãs transportadas pelo vento,
o suculento livro na ramagem,

e ali onde respiram os cravos
fundaremos um traje que resista
de um beijo vitorioso a eternidade.

ÍNDICE

A Matilde Urrutia

MANHÃ

I. Matilde, nome de planta ou pedra ou vinho — 9
II. Amor, quantos caminhos até chegar a um beijo — 10
III. Áspero amor, violeta coroada de espinhos — 11
IV. Recordarás aquela quebrada caprichosa — 12
V. Não te toque a noite nem o ar nem a aurora — 13
VI. Nos bosques, perdido, cortei um ramo escuro — 14
VII. "Virás comigo", disse, sem que ninguém soubesse — 15
VIII. Se não fosse porque têm cor de lua teus olhos — 16
IX. Ao golpe da onda contra a pedra indócil — 17
X. Suave é a bela como se música e madeira — 18
XI. Tenho fome de tua boca, de tua voz, de teu pelo — 19
XII. Plena Mulher, maçã carnal, lua quente — 20
XIII. A luz que de teus pés sobe a tua cabeleira — 21
XIV. Me falta tempo para celebrar teus cabelos — 22
XV. De há muito tempo a terra te conhece — 23
XVI. Amo o pedaço de terra que tu és — 24
XVII. Não te amo como se fosses rosa de sal, topázio — 25
XVIII. Pelas montanhas vais como vem a brisa — 26
XIX. Enquanto a magna espuma de Ilha Negra — 27
XX. Minha feia, és uma castanha despenteada — 28
XXI. Oh que todo o amor propague em mim sua boca — 29
XXII. Quantas vezes, amor, te amei sem ver-te e talvez sem lembrança — 30
XXIII. Foi luz o fogo e pão a lua rancorosa — 31
XXIV. Amor, amor, as nuvens à torre do céu — 32
XXV. Antes de amar-te, amor, nada era meu — 33
XXVI. Nem a cor das dunas terríveis em Iquique — 34
XXVII. Nua és tão simples como uma de tuas mãos — 35
XXVIII. Amor, de grão a grão, de planeta a planeta — 36
XXIX. Vens da pobreza das casas do Sul — 37
XXX. Tens do arquipélago as fibras do alerce — 38
XXXI. Com loureiros do Sul e orégão de Lota — 39
XXXII. A casa na manhã com a verdade revolta — 40

MEIO-DIA

XXXIII. Amor, agora nos vamos à casa	43
XXXIV. És filha do mar e prima do orégão	44
XXXV. Tua mão foi voando de meus olhos ao dia	45
XXXVI. Coração meu, rainha do aipo e da artesa	46
XXXVII. Oh amor, oh raio louco e ameaça purpúrea	47
XXXVIII. Tua casa ressoa como um trem ao meio-dia	48
XXXIX. Mas esqueci que tuas mãos satisfaziam	49
XL. Era verde o silêncio, molhada era a luz	50
XLI. Desventuras do mês de janeiro quando o indiferente	51
XLII. Radiantes dias balançados pela água marinha	52
XLIII. Um sinal teu busco em todas as outras	53
XLIV. Saberás que não te amo e que te amo	54
XLV. Não estejas longe de mim um só dia, porque como	55
XLVI. Das estrelas que admirei, molhadas	56
XLVII. Detrás de mim no ramo quero ver-te	57
XLVIII. Dois amantes ditosos fazem um só pão	58
XLIX. É hoje: todo o ontem foi caindo	59
L. Cotapos disse que teu riso tomba	60
LI. Teu riso pertence a uma árvore entreaberta	61
LII. Cantas e a sol e a céu com teu canto	62
LIII. Aqui está o pão, o vinho, a mesa, a morada	63

TARDE

LIV. Esplêndida razão, demônio claro	67
LV. Espinhos, vidros rotos, enfermidades, pranto	68
LVI. Acostuma-te a ver detrás de mim a sombra	69
LVII. Mentem os que disseram que eu perdi a lua	70
LVIII. Entre os espadões de ferro literário	71
LIX. Pobres poetas a quem a vida e a morte	72
LX. A ti fere aquele que quis fazer-me dano	73
LXI. Trouxe o amor sua cauda de dores	74
LXII. Ai de mim, ai de nós, bem-amada	75
LXIII. Não só pelas terras desertas onde a pedra salina	76

LXIV. De tanto amor minha vida se tingiu de violeta	77
LXV. Matilde, onde estás? Notei, para baixo	78
LXVI. Não te quero senão porque te quero	79
LXVII. A grande chuva do Sul cai sobre Ilha Negra	80
LXVIII. A menina de madeira não chegou caminhando	81
LXIX. Talvez não ser é ser sem que tu sejas	82
LXX. Talvez ferido vou sem ir sangrento	83
LXXI. De pena em pena cruza suas ilhas o amor	84
LXXII. Amor meu, o inverno regressa a seus quartéis	85
LXXIII. Recordarás talvez aquele homem afilado	86
LXXIV. O caminho molhado pela água de agosto	87
LXXV. Esta é a casa, o mar e a bandeira	88
LXXVI. Diego Rivera com a paciência do osso	89
LXXVII. Hoje é hoje com o peso de todo o tempo ido	90
LXXVIII. Não tenho nunca mais, não tenho sempre.	91

NOITE

LXXIX. De noite, amada, amarra teu coração ao meu	95
LXXX. De viagens e dores eu regressei, amor meu	96
LXXXI. Já és minha. Repousa com teu sonho em meu sonho	97
LXXXII. Amor meu, ao fechar esta porta noturna	98
LXXXIII. É bom, amor, sentir-te perto de mim na noite	99
LXXXIV. Uma vez mais, amor, a rede do dia extingue	100
LXXXV. Do mar para as ruas corre a vaga névoa	101
LXXXVI. Oh Cruz do Sul, oh trevo de fósforo fragrante	102
LXXXVII. As três aves do mar, três raios, três tesouras	103
LXXXVIII. O mês de março volta com sua luz escondida	104
LXXXIX. Quando eu morrer quero tuas mãos...	105
XC. Pensei morrer, senti de perto o frio	106
XCI. A idade nos cobre como a garoa	107
XCII. Amor meu, se morro e tu não morres	108
XCIII. Se alguma vez teu peito se detém	109
XCIV. Se morro sobrevive-me com tanta força pura	110
XCV. Os que se amaram como nós? Busquemos	111
XCVI. Penso, esta época em que tu me amaste	112

XCVII. Há que voar neste tempo, aonde? 113
XCVIII. E esta palavra, este papel escrito 114
XCIX. Outros dias virão, será entendido 115
C. No meio da terra afastarei 116

Coleção L&PM POCKET

900. **As veias abertas da América Latina** – Eduardo Galeano
901. **Snoopy: Sempre alerta! (10)** – Charles Schulz
902. **Chico Bento: Plantando confusão** – Mauricio de Sousa
903. **Penadinho: Quem é morto sempre aparece** – Mauricio de Sousa
904. **A vida sexual da mulher feia** – Claudia Tajes
905. **100 segredos de liquidificador** – José Antonio Pinheiro Machado
906. **Sexo muito prazer 2** – Laura Meyer da Silva
907. **Os nascimentos** – Eduardo Galeano
908. **As caras e as máscaras** – Eduardo Galeano
909. **O século do vento** – Eduardo Galeano
910. **Poirot perde uma cliente** – Agatha Christie
911. **Cérebro** – Michael O'Shea
912. **O escaravelho de ouro e outras histórias** – Edgar Allan Poe
913. **Piadas para sempre (4)** – Visconde da Casa Verde
914. **100 receitas de massas light** – Helena Tonetto
915. (19). **Oscar Wilde** – Daniel Salvatore Schiffer
916. **Uma breve história do mundo** – H. G. Wells
917. **A Casa do Penhasco** – Agatha Christie
919. **John M. Keynes** – Bernard Gazier
920. (20). **Virginia Woolf** – Alexandra Lemasson
921. **Peter e Wendy** seguido de **Peter Pan em Kensington Gardens** – J. M. Barrie
922. **Aline: numas de colegial (5)** – Adão Iturrusgarai
923. **Uma dose mortal** – Agatha Christie
924. **Os trabalhos de Hércules** – Agatha Christie
926. **Kant** – Roger Scruton
927. **A inocência do Padre Brown** – G.K. Chesterton
928. **Casa Velha** – Machado de Assis
929. **Marcas de nascença** – Nancy Huston
930. **Aulete de bolso**
931. **Hora Zero** – Agatha Christie
932. **Morte na Mesopotâmia** – Agatha Christie
934. **Nem te conto, João** – Dalton Trevisan
935. **As aventuras de Huckleberry Finn** – Mark Twain
936. (21). **Marilyn Monroe** – Anne Plantagenet
937. **China moderna** – Rana Mitter
938. **Dinossauros** – David Norman
939. **Louca por homem** – Claudia Tajes
940. **Amores de alto risco** – Walter Riso
941. **Jogo de damas** – David Coimbra
942. **Filha é filha** – Agatha Christie
943. **M ou N?** – Agatha Christie
945. **Bidu: diversão em dobro!** – Mauricio de Sousa
946. **Fogo** – Anaïs Nin
947. **Rum: diário de um jornalista bêbado** – Hunter Thompson
948. **Persuasão** – Jane Austen
949. **Lágrimas na chuva** – Sergio Faraco
950. **Mulheres** – Bukowski
951. **Um pressentimento funesto** – Agatha Christie
952. **Cartas na mesa** – Agatha Christie
954. **O lobo do mar** – Jack London
955. **Os gatos** – Patricia Highsmith
956. (22). **Jesus** – Christiane Rancé
957. **História da medicina** – William Bynum
958. **O Morro dos Ventos Uivantes** – Emily Brontë
959. **A filosofia na era trágica dos gregos** – Nietzsche
960. **Os treze problemas** – Agatha Christie
961. **A massagista japonesa** – Moacyr Scliar
963. **Humor do miserê** – Nani
964. **Todo o mundo tem dúvida, inclusive você** – Édison de Oliveira
965. **A dama do Bar Nevada** – Sergio Faraco
969. **O psicopata americano** – Bret Easton Ellis
970. **Ensaios de amor** – Alain de Botton
971. **O grande Gatsby** – F. Scott Fitzgerald
972. **Por que não sou cristão** – Bertrand Russell
973. **A Casa Torta** – Agatha Christie
974. **Encontro com a morte** – Agatha Christie
975. (23). **Rimbaud** – Jean-Baptiste Baronian
976. **Cartas na rua** – Bukowski
977. **Memória** – Jonathan K. Foster
978. **A abadia de Northanger** – Jane Austen
979. **As pernas de Úrsula** – Claudia Tajes
980. **Retrato inacabado** – Agatha Christie
981. **Solanin (1)** – Inio Asano
982. **Solanin (2)** – Inio Asano
983. **Aventuras de menino** – Mitsuru Adachi
984. (16). **Fatos & mitos sobre sua alimentação** – Dr. Fernando Lucchese
985. **Teoria quântica** – John Polkinghorne
986. **O eterno marido** – Fiódor Dostoiévski
987. **Um safado em Dublin** – J. P. Donleavy
988. **Mirinha** – Dalton Trevisan
989. **Akhenaton e Nefertiti** – Carmen Seganfredo e A. S. Franchini
990. **On the Road – o manuscrito original** – Jack Kerouac
991. **Relatividade** – Russell Stannard
992. **Abaixo de zero** – Bret Easton Ellis
993. (24). **Andy Warhol** – Mériam Korichi
995. **Os últimos casos de Miss Marple** – Agatha Christie
996. **Nico Demo: Aí vem encrenca** – Mauricio de Sousa
998. **Rousseau** – Robert Wokler
999. **Noite sem fim** – Agatha Christie
1000. **Diários de Andy Warhol (1)** – Editado por Pat Hackett
1001. **Diários de Andy Warhol (2)** – Editado por Pat Hackett
1002. **Cartier-Bresson: o olhar do século** – Pierre Assouline
1003. **As melhores histórias da mitologia: vol. 1** – A.S. Franchini e Carmen Seganfredo
1004. **As melhores histórias da mitologia: vol. 2** – A.S. Franchini e Carmen Seganfredo

1005. Assassinato no beco – Agatha Christie
1006. Convite para um homicídio – Agatha Christie
1008. História da vida – Michael J. Benton
1009. Jung – Anthony Stevens
1010. Arsène Lupin, ladrão de casaca – Maurice Leblanc
1011. Dublinenses – James Joyce
1012. 120 tirinhas da Turma da Mônica – Mauricio de Sousa
1013. Antologia poética – Fernando Pessoa
1014. A aventura de um cliente ilustre *seguido de* O último adeus de Sherlock Holmes – Sir Arthur Conan Doyle
1015. Cenas de Nova York – Jack Kerouac
1016. A corista – Anton Tchékhov
1017. O diabo – Leon Tolstói
1018. Fábulas chinesas – Sérgio Capparelli e Márcia Schmaltz
1019. O gato do Brasil – Sir Arthur Conan Doyle
1020. Missa do Galo – Machado de Assis
1021. O mistério de Marie Rogêt – Edgar Allan Poe
1022. A mulher mais linda da cidade – Bukowski
1023. O retrato – Nicolai Gogol
1024. O conflito – Agatha Christie
1025. Os primeiros casos de Poirot – Agatha Christie
1027(25). Beethoven – Bernard Fauconnier
1028. Platão – Julia Annas
1029. Cleo e Daniel – Roberto Freire
1030. Til – José de Alencar
1031. Viagens na minha terra – Almeida Garrett
1032. Profissões para mulheres e outros artigos feministas – Virginia Woolf
1033. Mrs. Dalloway – Virginia Woolf
1034. O cão da morte – Agatha Christie
1035. Tragédia em três atos – Agatha Christie
1037. O fantasma da Ópera – Gaston Leroux
1038. Evolução – Brian e Deborah Charlesworth
1039. Medida por medida – Shakespeare
1040. Razão e sentimento – Jane Austen
1041. A obra-prima ignorada *seguido de* Um episódio durante o Terror – Balzac
1042. A fugitiva – Anaïs Nin
1043. As grandes histórias da mitologia greco-romana – A. S. Franchini
1044. O corno de si mesmo & outras historietas – Marquês de Sade
1045. Da felicidade *seguido de* Da vida retirada – Sêneca
1046. O horror em Red Hook e outras histórias – H. P. Lovecraft
1047. Noite em claro – Martha Medeiros
1048. Poemas clássicos chineses – Li Bai, Du Fu e Wang Wei
1049. A terceira moça – Agatha Christie
1050. Um destino ignorado – Agatha Christie
1051(26). Buda – Sophie Royer
1052. Guerra Fria – Robert J. McMahon
1053. Simons's Cat: as aventuras de um gato travesso e comilão – vol. 1 – Simon Tofield
1054. Simons's Cat: as aventuras de um gato travesso e comilão – vol. 2 – Simon Tofield
1055. Só as mulheres e as baratas sobreviverão – Claudia Tajes
1057. Pré-história – Chris Gosden
1058. Pintou sujeira! – Mauricio de Sousa
1059. Contos de Mamãe Gansa – Charles Perrault
1060. A interpretação dos sonhos: vol. 1 – Freud
1061. A interpretação dos sonhos: vol. 2 – Freud
1062. Frufru Rataplã Dolores – Dalton Trevisan
1063. As melhores histórias da mitologia egípcia – Carmem Seganfredo e A.S. Franchini
1064. Infância. Adolescência. Juventude – Tolstói
1065. As consolações da filosofia – Alain de Botton
1066. Diários de Jack Kerouac – 1947-1954
1067. Revolução Francesa – vol. 1 – Max Gallo
1068. Revolução Francesa – vol. 2 – Max Gallo
1069. O detetive Parker Pyne – Agatha Christie
1070. Memórias do esquecimento – Flávio Tavares
1071. Drogas – Leslie Iversen
1072. Manual de ecologia (vol.2) – J. Lutzenberger
1073. Como andar no labirinto – Affonso Romano de Sant'Anna
1074. A orquídea e o serial killer – Juremir Machado da Silva
1075. Amor nos tempos de fúria – Lawrence Ferlinghetti
1076. A aventura do pudim de Natal – Agatha Christie
1078. Amores que matam – Patricia Faur
1079. Histórias de pescador – Mauricio de Sousa
1080. Pedaços de um caderno manchado de vinho – Bukowski
1081. A ferro e fogo: tempo de solidão (vol.1) – Josué Guimarães
1082. A ferro e fogo: tempo de guerra (vol.2) – Josué Guimarães
1084(17). Desembarcando o Alzheimer – Dr. Fernando Lucchese e Dra. Ana Hartmann
1085. A maldição do espelho – Agatha Christie
1086. Uma breve história da filosofia – Nigel Warburton
1088. Heróis da História – Will Durant
1089. Concerto campestre – L. A. de Assis Brasil
1090. Morte nas nuvens – Agatha Christie
1092. Aventura em Bagdá – Agatha Christie
1093. O cavalo amarelo – Agatha Christie
1094. O método de interpretação dos sonhos – Freud
1095. Sonetos de amor e desamor – Vários
1096. 120 tirinhas do Dilbert – Scott Adams
1097. 200 fábulas de Esopo
1098. O curioso caso de Benjamin Button – F. Scott Fitzgerald
1099. Piadas para sempre: uma antologia para morrer de rir – Visconde da Casa Verde
1100. Hamlet (Mangá) – Shakespeare
1101. A arte da guerra (Mangá) – Sun Tzu
1104. As melhores histórias da Bíblia (vol.1) – A. S. Franchini e Carmen Seganfredo
1105. As melhores histórias da Bíblia (vol.2) – A. S. Franchini e Carmen Seganfredo

1106. **Psicologia das massas e análise do eu** – Freud
1107. **Guerra Civil Espanhola** – Helen Graham
1108. **A autoestrada do sul e outras histórias** – Julio Cortázar
1109. **O mistério dos sete relógios** – Agatha Christie
1110. **Peanuts: Ninguém gosta de mim... (amor)** – Charles Schulz
1111. **Cadê o bolo?** – Mauricio de Sousa
1112. **O filósofo ignorante** – Voltaire
1113. **Totem e tabu** – Freud
1114. **Filosofia pré-socrática** – Catherine Osborne
1115. **Desejo de status** – Alain de Botton
1118. **Passageiro para Frankfurt** – Agatha Christie
1120. **Kill All Enemies** – Melvin Burgess
1121. **A morte da sra. McGinty** – Agatha Christie
1122. **Revolução Russa** – S. A. Smith
1123. **Até você, Capitu?** – Dalton Trevisan
1124. **O grande Gatsby (Mangá)** – F. S. Fitzgerald
1125. **Assim falou Zaratustra (Mangá)** – Nietzsche
1126. **Peanuts: É para isso que servem os amigos (amizade)** – Charles Schulz
1127. (27).**Nietzsche** – Dorian Astor
1128. **Bidu: Hora do banho** – Mauricio de Sousa
1129. **O melhor do Macanudo Taurino** – Santiago
1130. **Radicci 30 anos** – Iotti
1131. **Show de sabores** – J.A. Pinheiro Machado
1132. **O prazer das palavras** – vol. 3 – Cláudio Moreno
1133. **Morte na praia** – Agatha Christie
1134. **O fardo** – Agatha Christie
1135. **Manifesto do Partido Comunista (Mangá)** – Marx & Engels
1136. **A metamorfose (Mangá)** – Franz Kafka
1137. **Por que você não se casou... ainda** – Tracy McMillan
1138. **Textos autobiográficos** – Bukowski
1139. **A importância de ser prudente** – Oscar Wilde
1140. **Sobre a vontade na natureza** – Arthur Schopenhauer
1141. **Dilbert (8)** – Scott Adams
1142. **Entre dois amores** – Agatha Christie
1143. **Cipreste triste** – Agatha Christie
1144. **Alguém viu uma assombração?** – Mauricio de Sousa
1145. **Mandela** – Elleke Boehmer
1146. **Retrato do artista quando jovem** – James Joyce
1147. **Zadig ou o destino** – Voltaire
1148. **O contrato social (Mangá)** – J.-J. Rousseau
1149. **Garfield fenomenal** – Jim Davis
1150. **A queda da América** – Allen Ginsberg
1151. **Música na noite & outros ensaios** – Aldous Huxley
1152. **Poesias inéditas & Poemas dramáticos** – Fernando Pessoa
1153. **Peanuts: Felicidade é...** – Charles M. Schulz
1154. **Mate-me por favor** – Legs McNeil e Gillian McCain
1155. **Assassinato no Expresso Oriente** – Agatha Christie
1156. **Um punhado de centeio** – Agatha Christie
1157. **A interpretação dos sonhos (Mangá)** – Freud
1158. **Peanuts: Você não entende o sentido da vida** – Charles M. Schulz
1159. **A dinastia Rothschild** – Herbert R. Lottman
1160. **A Mansão Hollow** – Agatha Christie
1161. **Nas montanhas da loucura** – H.P. Lovecraft
1162. (28).**Napoleão Bonaparte** – Pascale Fautrier
1163. **Um corpo na biblioteca** – Agatha Christie
1164. **Inovação** – Mark Dodgson e David Gann
1165. **O que toda mulher deve saber sobre os homens: a afetividade masculina** – Walter Riso
1166. **O amor está no ar** – Mauricio de Sousa
1167. **Testemunha de acusação & outras histórias** – Agatha Christie
1168. **Etiqueta de bolso** – Celia Ribeiro
1169. **Poesia reunida (volume 3)** – Affonso Romano de Sant'Anna
1170. **Emma** – Jane Austen
1171. **Que seja em segredo** – Ana Miranda
1172. **Garfield sem apetite** – Jim Davis
1173. **Garfield: Foi mal...** – Jim Davis
1174. **Os irmãos Karamázov (Mangá)** – Dostoiévski
1175. **O Pequeno Príncipe** – Antoine de Saint-Exupéry
1176. **Peanuts: Ninguém mais tem o espírito aventureiro** – Charles M. Schulz
1177. **Assim falou Zaratustra** – Nietzsche
1178. **Morte no Nilo** – Agatha Christie
1179. **Ê, soneca boa** – Mauricio de Sousa
1180. **Garfield a todo o vapor** – Jim Davis
1181. **Em busca do tempo perdido (Mangá)** – Proust
1182. **Cai o pano: o último caso de Poirot** – Agatha Christie
1183. **Livro para colorir e relaxar** – Livro 1
1184. **Para colorir sem parar**
1185. **Os elefantes não esquecem** – Agatha Christie
1186. **Teoria da relatividade** – Albert Einstein
1187. **Compêndio da psicanálise** – Freud
1188. **Visões de Gerard** – Jack Kerouac
1189. **Fim de verão** – Mohiro Kitoh
1190. **Procurando diversão** – Mauricio de Sousa
1191. **E não sobrou nenhum e outras peças** – Agatha Christie
1192. **Ansiedade** – Daniel Freeman & Jason Freeman
1193. **Garfield: pausa para o almoço** – Jim Davis
1194. **Contos do dia e da noite** – Guy de Maupassant
1195. **O melhor de Hagar 7** – Dik Browne
1196. (29).**Lou Andreas-Salomé** – Dorian Astor
1197. (30).**Pasolini** – René de Ceccatty
1198. **O caso do Hotel Bertram** – Agatha Christie
1199. **Crônicas de motel** – Sam Shepard
1200. **Pequena filosofia da paz interior** – Catherine Rambert
1201. **Os sertões** – Euclides da Cunha
1202. **Treze à mesa** – Agatha Christie
1203. **Bíblia** – John Riches
1204. **Anjos** – David Albert Jones
1205. **As tirinhas do Guri de Uruguaiana 1** – Jair Kobe

1206. **Entre aspas (vol.1)** – Fernando Eichenberg
1207. **Escrita** – Andrew Robinson
1208. **O spleen de Paris: pequenos poemas em prosa** – Charles Baudelaire
1209. **Satíricon** – Petrônio
1210. **O avarento** – Molière
1211. **Queimando na água, afogando-se na chama** – Bukowski
1212. **Miscelânea septuagenária: contos e poemas** – Bukowski
1213. **Que filosofar é aprender a morrer e outros ensaios** – Montaigne
1214. **Da amizade e outros ensaios** – Montaigne
1215. **O medo à espreita e outras histórias** – H.P. Lovecraft
1216. **A obra de arte na era de sua reprodutibilidade técnica** – Walter Benjamin
1217. **Sobre a liberdade** – John Stuart Mill
1218. **O segredo de Chimneys** – Agatha Christie
1219. **Morte na rua Hickory** – Agatha Christie
1220. **Ulisses (Mangá)** – James Joyce
1221. **Ateísmo** – Julian Baggini
1222. **Os melhores contos de Katherine Mansfield** – Katherine Mansfield
1223(31). **Martin Luther King** – Alain Foix
1224. **Millôr Definitivo: uma antologia de A Bíblia do Caos** – Millôr Fernandes
1225. **O Clube das Terças-Feiras e outras histórias** – Agatha Christie
1226. **Por que sou tão sábio** – Nietzsche
1227. **Sobre a mentira** – Platão
1228. **Sobre a leitura** *seguido do* **Depoimento de Céleste Albaret** – Proust
1229. **O homem do terno marrom** – Agatha Christie
1230(32). **Jimi Hendrix** – Franck Médioni
1231. **Amor e amizade e outras histórias** – Jane Austen
1232. **Lady Susan, Os Watson e Sanditon** – Jane Austen
1233. **Uma breve história da ciência** – William Bynum
1234. **Macunaíma: o herói sem nenhum caráter** – Mário de Andrade
1235. **A máquina do tempo** – H.G. Wells
1236. **O homem invisível** – H.G. Wells
1237. **Os 36 estratagemas: manual secreto da arte da guerra** – Anônimo
1238. **A mina de ouro e outras histórias** – Agatha Christie
1239. **Pic** – Jack Kerouac
1240. **O habitante da escuridão e outros contos** – H.P. Lovecraft
1241. **O chamado de Cthulhu e outros contos** – H.P. Lovecraft
1242. **O melhor de Meu reino por um cavalo!** – Edição de Ivan Pinheiro Machado
1243. **A guerra dos mundos** – H.G. Wells
1244. **O caso da criada perfeita e outras histórias** – Agatha Christie
1245. **Morte por afogamento e outras histórias** – Agatha Christie
1246. **Assassinato no Comitê Central** – Manuel Vázquez Montalbán
1247. **O papai é pop** – Marcos Piangers
1248. **O papai é pop 2** – Marcos Piangers
1249. **A mamãe é rock** – Ana Cardoso
1250. **Paris boêmia** – Dan Franck
1251. **Paris libertária** – Dan Franck
1252. **Paris ocupada** – Dan Franck
1253. **Uma anedota infame** – Dostoiévski
1254. **O último dia de um condenado** – Victor Hugo
1255. **Nem só de caviar vive o homem** – J.M. Simmel
1256. **Amanhã é outro dia** – J.M. Simmel
1257. **Mulherzinhas** – Louisa May Alcott
1258. **Reforma Protestante** – Peter Marshall
1259. **História econômica global** – Robert C. Allen
1260(33). **Che Guevara** – Alain Foix
1261. **Câncer** – Nicholas James
1262. **Akhenaton** – Agatha Christie
1263. **Aforismos para a sabedoria de vida** – Arthur Schopenhauer
1264. **Uma história do mundo** – David Coimbra
1265. **Ame e não sofra** – Walter Riso
1266. **Desapegue-se!** – Walter Riso
1267. **Os Sousa: Uma família do barulho** – Mauricio de Sousa
1268. **Nico Demo: O rei da travessura** – Mauricio de Sousa
1269. **Testemunha de acusação e outras peças** – Agatha Christie
1270(34). **Dostoiévski** – Virgil Tanase
1271. **O melhor de Hagar 8** – Dik Browne
1272. **O melhor de Hagar 9** – Dik Browne
1273. **O melhor de Hagar 10** – Dik e Chris Browne
1274. **Considerações sobre o governo representativo** – John Stuart Mill
1275. **O homem Moisés e a religião monoteísta** – Freud
1276. **Inibição, sintoma e medo** – Freud
1277. **Além do princípio do prazer** – Freud
1278. **O direito de dizer não!** – Walter Riso
1279. **A arte de ser flexível** – Walter Riso
1280. **Casados e descasados** – August Strindberg
1281. **Da Terra à Lua** – Júlio Verne
1282. **Minhas galerias e meus pintores** – Kahnweiler
1283. **A arte do romance** – Virginia Woolf
1284. **Teatro completo v. 1: As aves da noite** *seguido de* **O visitante** – Hilda Hilst
1285. **Teatro completo v. 2: O verdugo** *seguido de* **A morte do patriarca** – Hilda Hilst
1286. **Teatro completo v. 3: O rato no muro** *seguido de* **Auto da barca de Camiri** – Hilda Hilst

1287. **Teatro completo v. 4: A empresa** *seguido de* **O novo sistema** – Hilda Hilst
1289. **Fora de mim** – Martha Medeiros
1290. **Divã** – Martha Medeiros
1291. **Sobre a genealogia da moral: um escrito polêmico** – Nietzsche
1292. **A consciência de Zeno** – Italo Svevo
1293. **Células-tronco** – Jonathan Slack
1294. **O fim do ciúme e outros contos** – Proust
1295. **A jangada** – Júlio Verne
1296. **A ilha do dr. Moreau** – H.G. Wells
1297. **Ninho de fidalgos** – Ivan Turguêniev
1298. **Jane Eyre** – Charlotte Brontë
1299. **Sobre gatos** – Bukowski
1300. **Sobre o amor** – Bukowski
1301. **Escrever para não enlouquecer** – Bukowski
1302. **222 receitas** – J. A. Pinheiro Machado
1303. **Reinações de Narizinho** – Monteiro Lobato
1304. **O Saci** – Monteiro Lobato
1305. **Memórias da Emília** – Monteiro Lobato
1306. **O Picapau Amarelo** – Monteiro Lobato
1307. **A reforma da Natureza** – Monteiro Lobato
1308. **Fábulas** *seguido de* **Histórias diversas** – Monteiro Lobato
1309. **Aventuras de Hans Staden** – Monteiro Lobato
1310. **Peter Pan** – Monteiro Lobato
1311. **Dom Quixote das crianças** – Monteiro Lobato
1312. **O Minotauro** – Monteiro Lobato
1313. **Um quarto só seu** – Virginia Woolf
1314. **Sonetos** – Shakespeare
1315. (35). **Thoreau** – Marie Berthoumieu e Laura El Makki
1316. **Teoria da arte** – Cynthia Freeland
1317. **A arte da prudência** – Baltasar Gracián
1318. **O louco** *seguido de* **Areia e espuma** – Khalil Gibran
1319. **O profeta** *seguido de* **O jardim do profeta** – Khalil Gibran
1320. **Jesus, o Filho do Homem** – Khalil Gibran
1321. **A luta** – Norman Mailer
1322. **Sobre o sofrimento do mundo e outros ensaios** – Schopenhauer
1323. **Epidemiologia** – Rodolfo Sacacci
1324. **Japão moderno** – Christopher Goto-Jones
1325. **A arte da meditação** – Matthieu Ricard
1326. **O adversário secreto** – Agatha Christie
1327. **Pollyanna** – Eleanor H. Porter
1328. **Espelhos** – Eduardo Galeano
1329. **A Vênus das peles** – Sacher-Masoch
1330. **O 18 de brumário de Luís Bonaparte** – Karl Marx
1331. **Um jogo para os vivos** – Patricia Highsmith
1332. **A tristeza pode esperar** – J.J. Camargo
1333. **Vinte poemas de amor e uma canção desesperada** – Pablo Neruda
1334. **Judaísmo** – Norman Solomon
1335. **Esquizofrenia** – Christopher Frith & Eve Johnstone
1336. **Seis personagens em busca de um autor** – Luigi Pirandello
1337. **A Fazenda dos Animais** – George Orwell
1338. **1984** – George Orwell
1339. **Ubu Rei** – Alfred Jarry
1340. **Sobre bêbados e bebidas** – Bukowski
1341. **Tempestade para os vivos e para os mortos** – Bukowski
1342. **Complicado** – Natsume Ono
1343. **Sobre o livre-arbítrio** – Schopenhauer
1344. **Uma breve história da literatura** – John Sutherland
1345. **Você fica tão sozinho às vezes que até faz sentido** – Bukowski
1346. **Um apartamento em Paris** – Guillaume Musso
1347. **Receitas fáceis e saborosas** – José Antonio Pinheiro Machado
1348. **Por que engordamos** – Gary Taubes
1349. **A fabulosa história do hospital** – Jean-Noël Fabiani
1350. **Voo noturno** *seguido de* **Terra dos homens** – Antoine de Saint-Exupéry
1351. **Doutor Sax** – Jack Kerouac
1352. **O livro do Tao e da virtude** – Lao-Tsé
1353. **Pista negra** – Antonio Manzini
1354. **A chave de vidro** – Dashiell Hammett
1355. **Martin Eden** – Jack London
1356. **Já te disse adeus, e agora, como te esqueço?** – Walter Riso
1357. **A viagem do descobrimento** – Eduardo Bueno
1358. **Náufragos, traficantes e degredados** – Eduardo Bueno
1359. **Retrato do Brasil** – Paulo Prado
1360. **Maravilhosamente imperfeito, escandalosamente feliz** – Walter Riso
1361. **É...** – Millôr Fernandes
1362. **Duas tábuas e uma paixão** – Millôr Fernandes
1363. **Selma e Sinatra** – Martha Medeiros
1364. **Tudo que eu queria te dizer** – Martha Medeiros
1365. **Várias histórias** – Machado de Assis
1366. **A sabedoria do Padre Brown** – G. K. Chesterton
1367. **Capitães do Brasil** – Eduardo Bueno
1368. **O falcão maltês** – Dashiell Hammett
1369. **A arte de estar com a razão** – Arthur Schopenhauer
1370. **A visão dos vencidos** – Miguel León-Portilla
1371. **A coroa, a cruz e a espada** – Eduardo Bueno
1372. **Poética** – Aristóteles
1373. **O reprimido** – Agatha Christie
1374. **O espelho do homem morto** – Agatha Christie
1375. **Cartas sobre a felicidade e outros textos** – Epicuro
1376. **A corista e outras histórias** – Anton Tchékhov
1377. **Na estrada da beatitude** – Eduardo Bueno

lepmeditores
www.lpm.com.br
o site que conta tudo

IMPRESSÃO:

PALLOTTI
GRÁFICA

Santa Maria - RS | Fone: (55) 3220.4500
www.graficapallotti.com.br